ねこねこ日《に》本《ほん》史《し》 戦《せん》国《ごく》武《ぶ》将《しょう》伝《でん》 ジュニア版《ばん》

そにしけんじ

実業之日本社

もくじ

戦《せん》国《ごく》武《ぶ》将《しょう》の主《おも》な戦《たたか》い

1553年《ねん》
第一次川中島《だいいちじかわなかじま》の戦《たたか》い
武田信玄《たけだしんげん》 VS 上杉謙信《うえすぎけんしん》

1555年《ねん》
厳島《いつくしま》の戦《たたか》い
毛利元就《もうりもとなり》 VS 陶晴賢《すえはるかた》

1560年《ねん》
桶狭間《おけはざま》の戦《たたか》い
織田信長《おだのぶなが》 VS 今川義元《いまがわよしもと》

1570年《ねん》
姉川《あねがわ》の戦《たたか》い
織田《おだ》・徳川《とくがわ》 VS 朝倉義景《あさくらよしかげ》・浅井長政《あざいながまさ》

1572年《ねん》
三方ヶ原《みかたがはら》の戦《たたか》い
武田信玄《たけだしんげん》 VS 徳川《とくがわ》・織田《おだ》

1575年《ねん》
長篠《ながしの》の戦《たたか》い
織田《おだ》・徳川《とくがわ》 VS 武田勝頼《たけだかつより》

1577年《ねん》
手取川《てどりがわ》の戦《たたか》い
上杉謙信《うえすぎけんしん》 VS 織田信長《おだのぶなが》

そしてついに川中島《かわなかじま》で両雄《りょうゆう》が相見《あいまみ》える!
越後《えちご》の龍《りゅう》
甲斐の虎
VS
どーん
第一次川中島《だいいちじかわなかじま》の戦《たたか》い

今川義元《いまがわよしもと》の2万《まん》の軍《ぐん》に対《たい》し…

信長《のぶなが》は新《あたら》しい武器《ぶき》「鉄砲《てっぽう》」3千丁《ぜんちょう》で対抗《たいこう》!!
ザン

1578年《ねん》
耳川《みみかわ》の戦《たたか》い
島津義久《しまづよしひさ》 VS 大友宗麟《おおともそうりん》

1582年《ねん》
本能寺《ほんのうじ》の変《へん》
明智光秀《あけちみつひで》 VS 織田信長《おだのぶなが》

1582年《ねん》
山崎《やまざき》の戦《たたか》い
豊臣秀吉《とよとみひでよし》 VS 明智光秀《あけちみつひで》

1583年《ねん》
賤ヶ岳《しずがたけ》の戦《たたか》い
豊臣秀吉《とよとみひでよし》 VS 柴田勝家《しばたかついえ》

1584年《ねん》
小牧《こまき》・長久手《ながくて》の戦《たたか》い
豊臣秀吉《とよとみひでよし》 VS 織田信雄《おだのぶかつ》・徳川家康《とくがわいえやす》

1589年《ねん》
摺上原《すりあげはら》の戦《たたか》い
伊達政宗《だてまさむね》 VS 蘆名義広《あしなよしひろ》

1590年《ねん》
小田原攻《おだわらぜ》め
豊臣秀吉《とよとみひでよし》 VS 北条氏政《ほうじょううじまさ》・北条氏直《ほうじょううじなお》

何《なに》ごとじゃ!?
ビクッ
わーわー

西暦《せいれき》1589年《ねん》摺上原《すりあげはら》
伊達軍《だてぐん》なんかひとひねりにしてくれるわい!!
蘆名氏《あしなし》・佐竹氏《さたけし》連合軍《れんごうぐん》
蘆名義広《あしなよしひろ》

そのころ、豊臣秀吉《とよとみひでよし》は天下統一《てんかとういつ》を目前《もくぜん》にしていた
小田原《おだわら》
関白《かんぱく》・秀吉《ひでよし》(サル)

戦《せん》国《ごく》武《ぶ》将《しょう》の生《せい》没《ぼつ》年《ねん》

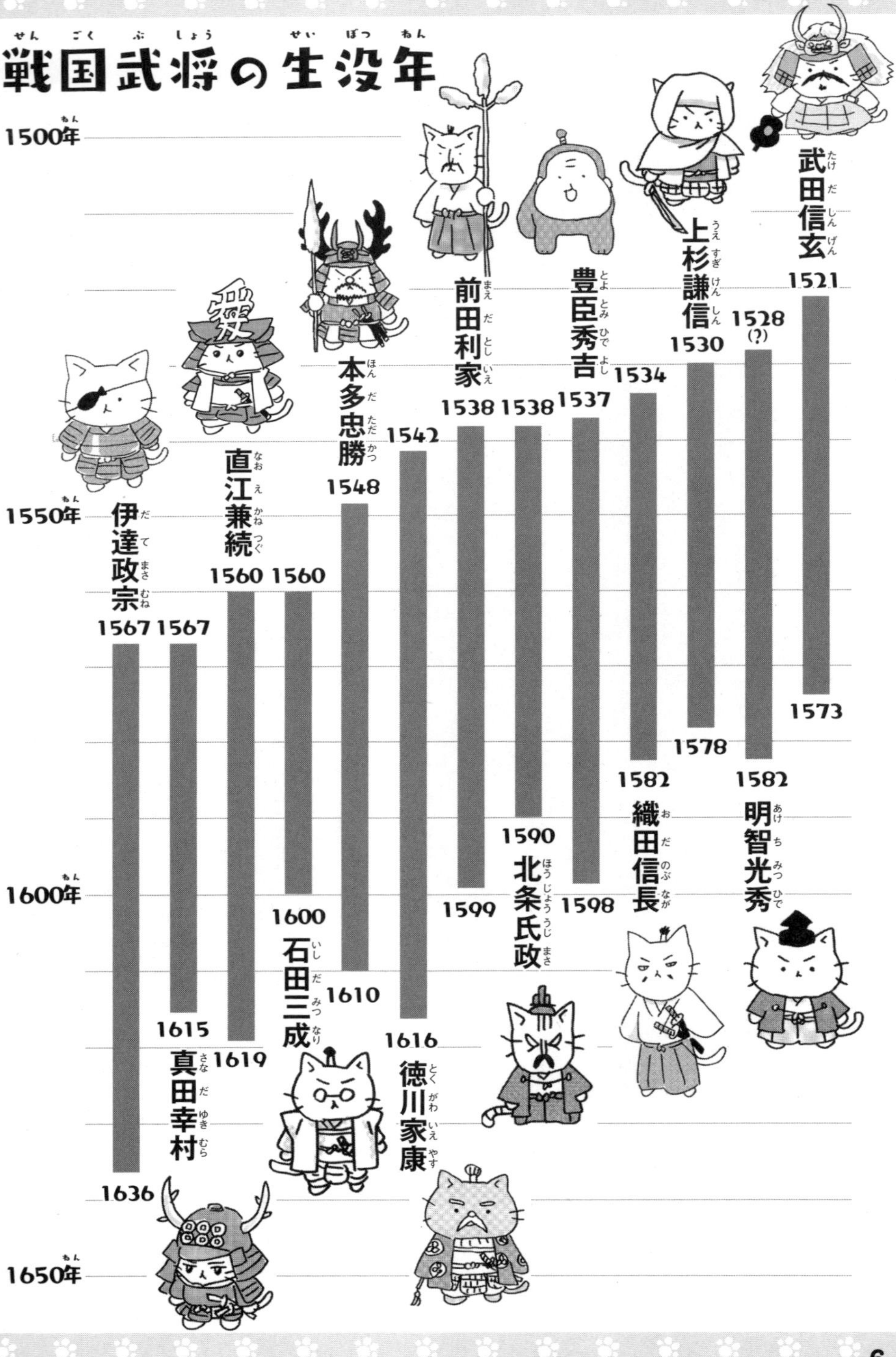

塩《しお》

じゃーーん
西暦《せいれき》1541年《ねん》
武田信玄《たけだしんげん》
甲斐《かい》の国《くに》に新《あたら》しい主《あるじ》が誕生《たんじょう》した！
ドサ ドサ
ニャンじゃそれは？
上杉謙信《うえすぎけんしん》からの塩《しお》でございます
信玄へ
しお
けんしんより
信玄へ
しお
けんしんより
なぜ？
さあ〜？

行《い》け！ねこねこ日本史《にほんし》

山本勘助《やまもとかんすけ》
武田信玄《たけだしんげん》の軍師《ぐんし》
「きつつき戦法《せんぽう》」を
編《あ》みだした

上杉謙信《うえすぎけんしん》
「越後《えちご》の龍《りゅう》」と呼《よ》ばれた武将《ぶしょう》
自分《じぶん》を毘沙門天《びしゃもんてん》の
生《う》まれ変《か》わりだと思《おも》っている

武田信玄《たけだしんげん》
「甲斐《かい》の虎《とら》」と呼《よ》ばれた武将《ぶしょう》
謙信《けんしん》と5回《かい》も川中島《かわなかじま》で戦《たたか》ったため
永遠《えいえん》のライバルといわれている

謙信《けんしん》

信玄《しんげん》のライバル
上杉謙信《うえすぎけんしん》
殿《との》！ 信玄《しんげん》に塩《しお》を送《おく》っときました！
よし！
次《つぎ》は？
次《つぎ》はこれを送《おく》ろう！
よーし！
バス
ソルト
プレゼント好《ず》き!?

風林火山《ふうりんかざん》

そのころの信玄《しんげん》
わが武田軍《たけだぐん》の軍旗《ぐんき》じゃ！
風林火山
イミはなんですか!?
おおーー!!
パチパチパチ
風《かぜ》の中《なか》の猫《ねこ》…
林《はやし》の中《なか》の猫《ねこ》
火《ひ》の近《ちか》くの猫《ねこ》
山《やま》の中《なか》の猫《ねこ》
…のような軍団《ぐんだん》
風林火山
お… おーー!!

騎馬軍団《きばぐんだん》

殿《との》!! 出撃《しゅつげき》の準備《じゅんび》が整《ととの》いました!!
よし! まずは信濃国《しなののくに》を攻《せ》めるぞ!!
信濃国《しなののくに》
うわー武田《たけだ》の無敵《むてき》騎馬軍団《きばぐんだん》が攻《せ》めてきたー!!
ニャー
ニャー
ニャ
いー
いー
いー
ちがーう 無敵《むてき》キバ軍団《ぐんだん》だったー!!
にげろー
なんのこっちゃー
ガブ
ガブ
いてて…
ガブガブガブ

タイミング

よし! 信濃《しなの》は落《お》としたぞ!!
オー!!
なんじゃこれは?
ドサ
ドサ
ドサ
謙信《けんしん》からの塩《しお》です
信玄へ しお けんしん
信玄へ しお けんしん
また!?
はい…

パワーアップ

殿《との》！ わが武田軍《たけだぐん》をパワーアップする秘策《ひさく》を思《おも》いつきました
軍師《ぐんし》・山本勘助《やまもとかんすけ》
わが軍団《ぐんだん》を全《すべ》て赤色《あかいろ》に統一《とういつ》して相手《あいて》をビビらせる「赤備《あかぞな》え」という方法《ほうほう》です！
ほほう それは面白《おもしろ》い！
血《ち》のり
だら～
だら～
うわー こわいよー
ワハハハ
これでいいのか!? これでいいのか!?

軍旗《ぐんき》

そのころの謙信《けんしん》
うちも軍旗《ぐんき》を作《つく》ったぞ!!
なんて読《よ》むんですか？
び
へー
そーなんだー
よめねー
アハハ「タヒヒ」だって
「タヒヒ」ってなに？
さぁー
いいの！
ルビが入《はい》った
アハハかっこ悪《わる》っ！

金貨《きんか》

信玄《しんげん》は戦以外《いくさいがい》にも色々《いろいろ》な事業《じぎょう》を行《おこな》った
殿《との》! できましたー!!
じゃーん
甲州金《こうしゅうきん》
領内《りょうない》でたくさん取《と》れる金《きん》を使《つか》って金貨《きんか》を作《つく》った
キラーン
ちょい
ちょい
でも猫《ねこ》なので誰《だれ》も価値《かち》はわからない
ちょい ちょい
ちょい ちょい

信玄製《しんげんせい》

それからいつも氾濫《はんらん》する川《かわ》を治《おさ》めるために堤防《ていぼう》を築《きず》いた
なんとかして下《くだ》さい!!
どばー
よしまかせろ!
ザッ ザッ
ザッ
ちょい ちょい ちょい
よし! できた!
ふー
じゃーん
信玄堤《しんげんつつみ》
だめじゃん
どばー
フギャー
猫《ねこ》の手作《てづく》りだからね

大事《だいじ》

信玄《しんげん》はとても家臣《かしん》を大事《だいじ》にしました
それを象徴《しょうちょう》するこんなことばが残《のこ》っています…
猫《ひと》は城《しろ》、
猫《ひと》は石垣《いしがき》、
猫《ひと》は堀《ほり》
城《しろ》
石垣《いしがき》
堀《ほり》
大事《だいじ》大事《だいじ》
うそっけー
うそっけー

生《う》まれかわり

そのころの謙信《けんしん》
私《わたし》は戦《たたか》いの神《かみ》、毘沙門天《びしゃもんてん》の生《う》まれかわりなのだ！
あーだから「毘《び》」なんだー
毘沙門天《びしゃもんてん》
毘沙門天《びしゃもんてん》の生《う》まれかわり
キリッ
フハハハハ
にてねー
かわいすぎるよね

川中島《かわなかじま》の戦《たたか》い

そしてついに川中島《かわなかじま》で両雄《りょうゆう》が相見《あいまみ》える！
越後《えちご》の龍《りゅう》 vs. 甲斐《かい》の虎《とら》
どどーん
第一次《だいいちじ》川中島《かわなかじま》の戦《たたか》い
いちごの龍《りゅう》 vs. 貝《かい》の虎《とら》
どどん
第二次《だいにじ》川中島《かわなかじま》の戦《たたか》い
シャイな オラ vs. What《ワッチュー》 are you gonna《ガナ》 do《ドゥー》?
第三次《だいさんじ》川中島《かわなかじま》の戦《たたか》い
アハハハ
ちょっとムリある～
なんの勝負《しょうぶ》ですかー!?
風林火山

きつつき戦法《せんぽう》

そんなこんなで史上最《しじょうもっと》も有名《ゆうめい》な第四次川中島《だいよじかわなかじま》の戦《たたか》い
今回《こんかい》は「きつつき戦法《せんぽう》」で行《い》きます
お！初《はじ》めてまともな作戦《さくせん》！
きつつきが虫《むし》を木《き》の反対側《はんたいがわ》からつついて追《お》い出《だ》すように…
カンカンカンカン
うわー
わが軍《ぐん》も二手《ふたて》にわかれて謙信《けんしん》の軍《ぐん》を追《お》い出《だ》してハサミ討《う》ちにします
武田軍《たけだぐん》
謙信軍《けんしんぐん》
武田軍《たけだぐん》
よし！そのきつつきを食《た》べる作戦《さくせん》で行《い》こう！
♪
ちがーう！

車懸《くるまがか》りの陣《じん》

ザッ ザッ ザッ
ぬ！きつつき戦法《せんぽう》か！
ならばこちらは…
「車懸《くるまがか》りの陣《じん》」だ!!
ぐる ぐる ぐる ぐる
うわー目《め》がまわる〜
見《み》るな！こっちも目《め》が回《まわ》るぞ!!
ハ…ハイ!!
クラ クラ

直接対決《ちょくせつたいけつ》

うわ〜
くら くら くら くら
ヒュン
ヒュン
あ…危《あぶ》ない!!
カッ
クラッ
これがあの有名《ゆうめい》な両雄《りょうゆう》の直接対決《ちょくせつたいけつ》である
うわーきもちわるい
大丈夫《だいじょうぶ》〜？あんなに回《まわ》るから〜
クラ クラ
さすり さすり

武将《ぶしょう》の生涯《しょうがい》

最強《さいきょう》といわれた戦国武将《せんごくぶしょう》

武田信玄《たけだしんげん》

パラメータ

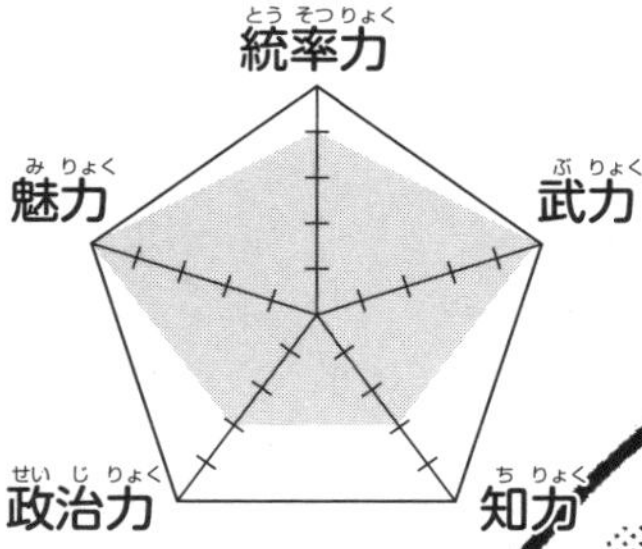

生没年《せいぼつねん》
【1521年《ねん》～1573年《ねん》】

出身地《しゅっしんち》
【甲斐国《かいのくに》（山梨県《やまなしけん》）】

あだ名《な》
【甲斐《かい》の虎《とら》】

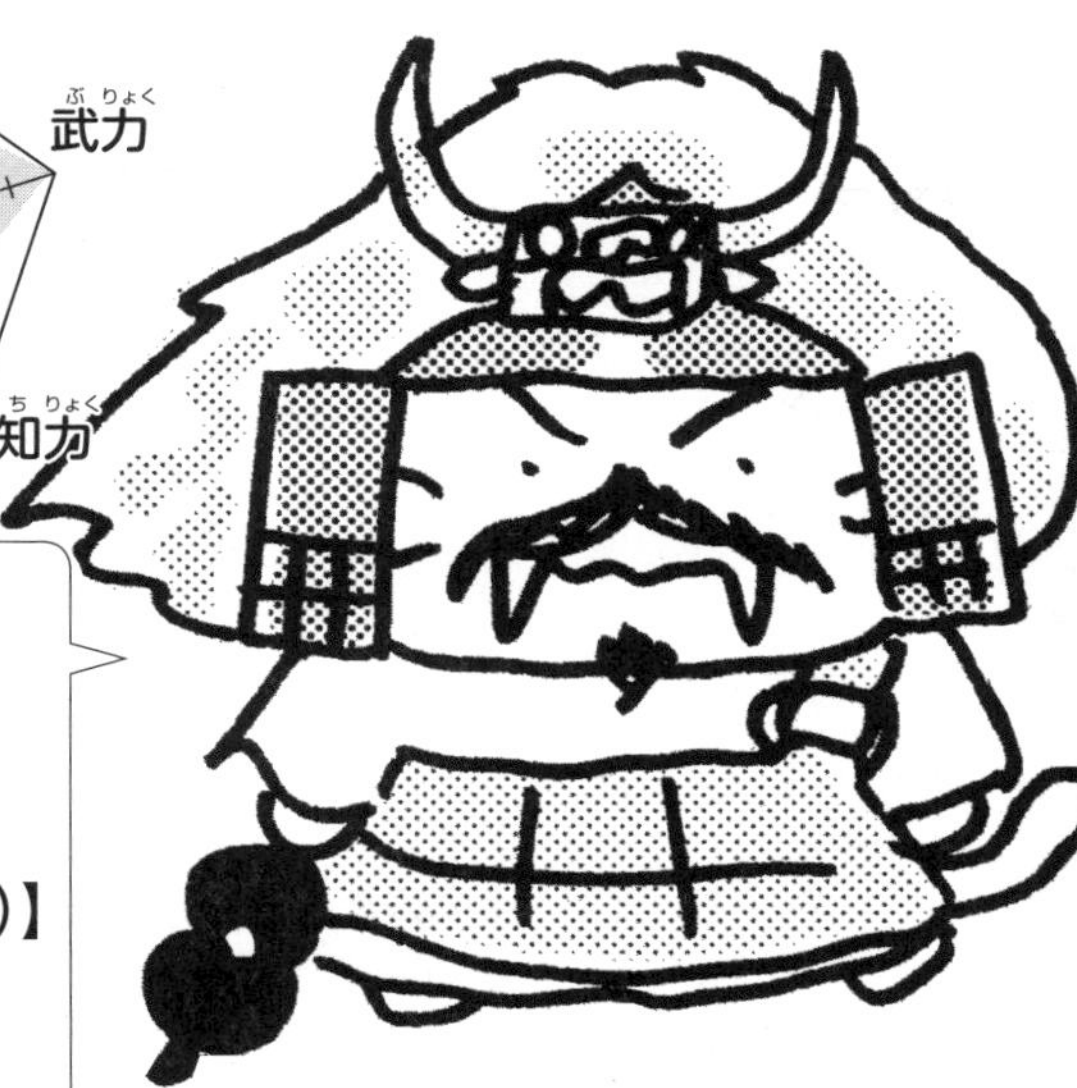

父《ちち》を追放《ついほう》して当主《とうしゅ》となった信玄《しんげん》

武田信玄《たけだしんげん》は甲斐国《かいのくに》（今《いま》の山梨県《やまなしけん》）を統一《とういつ》した信虎《のぶとら》の長男《ちょうなん》。本来《ほんらい》はお父《とう》さんが亡《な》くなるか、引退《いんたい》するかしたら跡《あと》を継《つ》ぐのですが、信玄《しんげん》の場合《ばあい》は、父《ちち》を追放《ついほう》して自分《じぶん》が跡《あと》を継《つ》ぐという少々強引《しょうしょうごういん》なやり方《かた》で**甲斐国《かいのくに》**の当主《とうしゅ》となりました。

信玄《しんげん》は、天下統一《てんかとういつ》を狙《ねら》った**織田信長《おだのぶなが》**に「待《ま》った」をかけたことでも知《し》られています。信長《のぶなが》と対決《たいけつ》するべく進軍《しんぐん》した信玄《しんげん》らは、途中《とちゅう》で信長《のぶなが》の仲間《なかま》・**徳川家康《とくがわいえやす》**の軍《ぐん》と戦《いくさ》になりましたが、結果《けっか》は武田軍《たけだぐん》の圧勝《あっしょう》でした（**三方ヶ原《みかたがはら》の戦《たたか》い**）。

まさに向《む》かうところ敵《てき》なしといった感《かん》じの武田軍《たけだぐん》だったのですが、その後《ご》、なぜか突然《とつぜん》、軍《ぐん》を引《ひ》き返《かえ》してしまいます。その理由《りゆう》は、進軍中《しんぐんちゅう》に信玄《しんげん》が病気《びょうき》で亡《な》くなったからです。

信長《のぶなが》は間一髪《かんいっぱつ》のところで助《たす》かったといえるかもしれません。

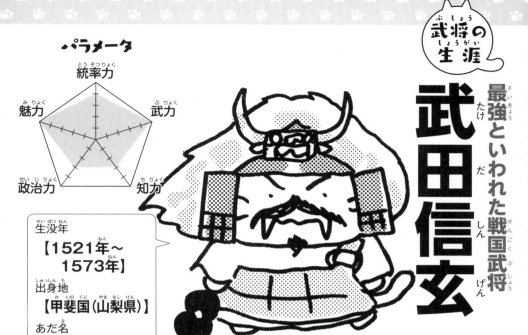

きつつき戦法《せんぽう》について

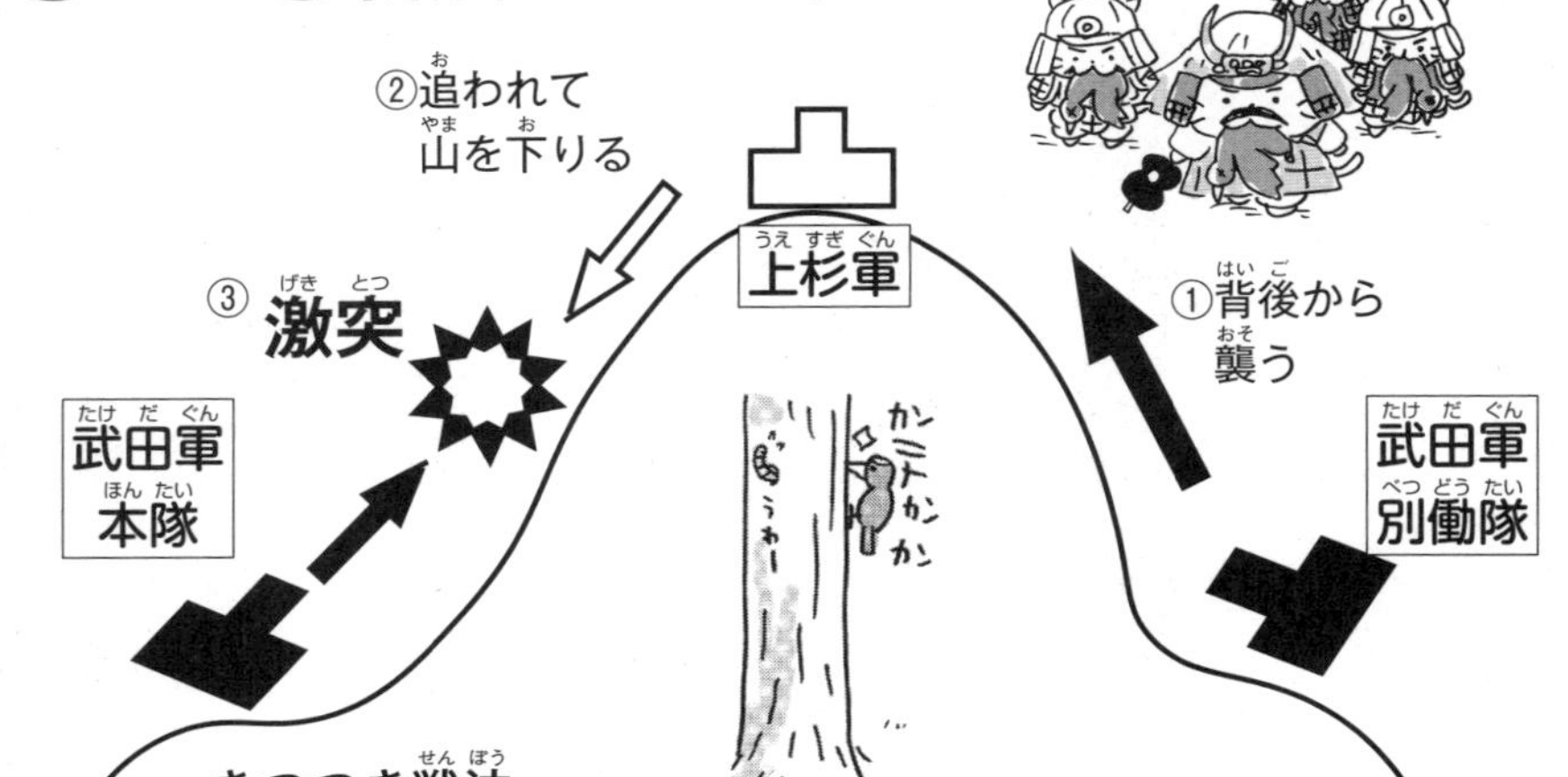

きつつき戦法《せんぽう》

山本勘助《やまもとかんすけ》が考《かんが》えた、山《やま》の両側《りょうがわ》から挟《はさ》み撃《う》ちにする作戦《さくせん》です。

上杉謙信《うえすぎけんしん》との激《はげ》しい攻防《こうぼう》

信玄《しんげん》は、ライバル**上杉謙信《うえすぎけんしん》**と激《はげ》しい戦《たたか》いを繰《く》り広《ひろ》げたことでも有名《ゆうめい》です。現在《げんざい》の長野市《ながのし》にある川中島《かわなかじま》というところで、なんと11年間《ねんかん》にわたり合計《ごうけい》5回《かい》もの戦《たたか》いを行《おこな》ったのです。この戦《たたか》いを「**川中島《かわなかじま》の戦《たたか》い**」といいます。

特《とく》に激《はげ》しい戦《たたか》いとなったのが、4回目《かいめ》の戦《たたか》いです。この戦《たたか》いで武田軍《たけだぐん》は、軍《ぐん》を2《ふた》つに分《わ》けて敵《てき》を挟《はさ》み撃《う》ちにするという「**きつつき戦法《せんぽう》**」を使《つか》いましたが、なぜかこの作戦《さくせん》は謙信《けんしん》にバレており、武田軍《たけだぐん》は大苦戦《だいくせん》。信玄《しんげん》の弟《おとうと》の信繁《のぶしげ》や名軍師《めいぐんし》として知《し》られる**山本勘助《やまもとかんすけ》**らが、この戦《たたか》いで命《いのち》を落《お》としました。

しかし、武田軍《たけだぐん》も後半《こうはん》は盛《も》り返《かえ》し、上杉軍《うえすぎぐん》のほうにも多《おお》くの犠牲者《ぎせいしゃ》が出《で》たと伝《つた》えられています。結果的《けっかてき》に両雄《りょうゆう》の戦《たたか》いは決着《けっちゃく》がつかず、引《ひ》き分《わ》けのまま終《お》わりを迎《むか》えました。

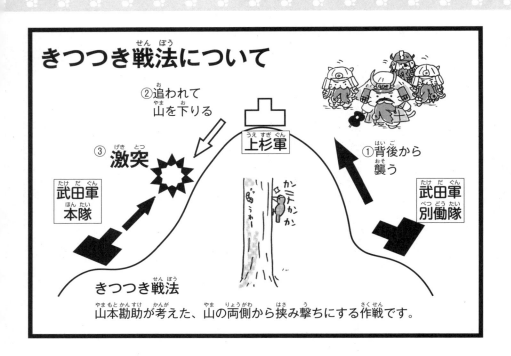

武将《ぶしょう》の
お城《しろ》

・場所《ばしょ》　山梨県甲府市《やまなしけんこうふし》　・築城《ちくじょう》　1519年《ねん》
・アクセス　JR「甲府駅《こうふえき》」下車《げしゃ》　徒歩《とほ》30分《ぷん》/山梨交通《やまなしこうつう》バス「武田神社《たけだじんじゃ》」下車《げしゃ》

堀《ほり》や土塁《どるい》に囲《かこ》まれた、石垣《いしがき》のない四角《しかく》い館《やかた》

武《たけ》田《だ》氏《し》館《やかた》

（躑躅《つつじ》ヶ《が》崎館《さきやかた》）

どんなお城《しろ》？

甲府盆地《こうふぼんち》の北《きた》にある城《しろ》です。武田信玄《たけだしんげん》の父《ちち》である武田信虎《たけだのぶとら》が1519年《ねん》に築《きず》き、信虎《のぶとら》・信玄《しんげん》・勝頼《かつより》の3代《だい》がこの館《やかた》を拠点《きょてん》としました。室町時代《むろまちじだい》の武士《ぶし》の館《やかた》を大《おお》きくしたもので、背後《はいご》に積翠寺《せきすいじ》、要害山城《ようがいやまじょう》と呼《よ》ばれる城《しろ》があります。**信玄《しんげん》の言葉《ことば》とされる「人《ひと》は石垣《いしがき》、人《ひと》は城《しろ》」のとおり、この館《やかた》には大《おお》がかりな石垣《いしがき》や堀《ほり》はなく、館《やかた》の周《まわ》りに幅《はば》のせまい堀《ほり》と土塁《どるい》があるだけです。**一方《いっぽう》で、周辺《しゅうへん》の支配地《しはいち》には、信州深志城《しんしゅうふかしじょう》

(のちの松本城《まつもとじょう》)、信州高遠城《しんしゅうたかとおじょう》、上州箕輪城《じょうしゅうみのわじょう》など、敵《てき》に攻《せ》められたときの備《そな》えとして、小《ちい》さな城《しろ》があります。現在《げんざい》、館跡《やかたあと》は武田神社《たけだじんじゃ》になっています。

この城《しろ》でのできごと

父《ちち》・信虎《のぶとら》と対立《たいりつ》した信玄《しんげん》は、1541年《ねん》に信《のぶ》虎《とら》を駿河国《するがのくに》(今《いま》の静岡県《しずおかけん》)に追放《ついほう》し武田家《たけだけ》の跡《あと》を継《つ》ぎ館《やかた》の主人《しゅじん》となりました。そして1547年《ねん》に「信玄家法《しんげんかほう》」(甲州法度之次第《こうしゅうはっとのしだい》、甲州式目《こうしゅうしきもく》)と呼《よ》ばれるルールをつくりました。その中《なか》で、最《もっと》もよく知《し》られているのが、**「けんかは、必《かなら》ず両方《りょうほう》に悪《わる》いところがあるのだから、両方《りょうほう》とも罰《ばつ》を与《あた》える」という「喧嘩両成敗《けんかりょうせいばい》」に関《かん》するこのルールです。**

第《だい》15条《じょう》、「喧嘩《けんか》はどのような理由《りゆう》があろうと処罰《しょばつ》する。ただし、喧嘩《けんか》を仕掛《しか》けられても、我慢《がまん》した者《もの》は処罰《しょばつ》しない」。

ゆかりの人物《じんぶつ》

武田勝頼《たけだかつより》(1546年《ねん》−1582年《ねん》)

武田信玄《たけだしんげん》の四男《よんなん》。信玄《しんげん》の死後武田家《しごたけだけ》を継《つ》ぎ、どんどん勢力《せいりょく》を広《ひろ》げていきますが、織田信長《おだのぶなが》・徳川家康《とくがわいえやす》の連合軍《れんごうぐん》と戦《たたか》った1575年《ねん》の「長篠《ながしの》の戦《たたか》い」に敗《やぶ》れたあと、次第《しだい》に勢力《せいりょく》がおとろえていきます。1582年《ねん》、織田信長《おだのぶなが》に攻《せ》められ、家臣《かしん》にも裏切《うらぎ》られ、天目山《てんもくざん》のふもとで自害《じがい》しました。

豆知識《まめちしき》

日本《にほん》には、戦国大名《せんごくだいみょう》をまつった神社《じんじゃ》が多《おお》くあります。武田信玄《たけだしんげん》をまつった武田神社《たけだじんじゃ》もその1《ひと》つです。そのほかにも上杉謙信《うえすぎけんしん》をまつった米沢《よねざわ》の上杉神社《うえすぎじんじゃ》、豊臣秀吉《とよとみひでよし》をまつった京都《きょうと》の豊国神社《とよくにじんじゃ》、徳川家康《とくがわいえやす》をまつった日光東照宮《にっこうとうしょうぐう》などが知《し》られています。

生《う》まれ変《か》わり

正義《せいぎ》！ねこねこ日本史《にほんし》

北条氏康《ほうじょううじやす》
相模国《さがみのくに》の戦国大名《せんごくだいみょう》

上杉謙信《うえすぎけんしん》
自称《じしょう》「毘沙門天《びしゃもんてん》の生《う》まれ変《か》わり」のかわいい戦国大名《せんごくだいみょう》

武田信玄《たけだしんげん》
いろんな意味《いみ》での謙信《けんしん》のライバ

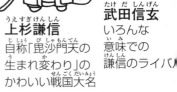

跡継《あとつ》ぎ

やがて
父《ちち》が亡《な》くなり…
すー
父上《ちちうえ》…
謙信《けんしん》
謙信《けんしん》の兄《あに》の
晴景《はるかげ》が跡《あと》を継《つ》いだ
じゃーん
私《わたし》が父《ちち》の跡《あと》を
継《つ》いだ晴景《はるかげ》ニャ…
よろしくニャ…
ケッ
ケッ
父《ちち》ほどの力《ちから》はなく
国内《こくない》は乱《みだ》れた
オメーラ
気《き》に入《い》らねーんだよニャー
てめー
シャー
ニャロー
あの…

相続《そうぞく》

西暦《せいれき》1543年《ねん》
謙信《けんしん》は寺《てら》を出《で》た
そこで家臣《かしん》たちを
まとめるため…
兄《あに》を助《たす》けるのニャー
たたた
ものどもー!
たたたた
かわいいー
力《ちから》で制圧《せいあつ》した
ビシ
ビシ
ビシ
ビシ
ビシ
ビシ
あ
兄《にい》ちゃん
!?
兄《あに》の晴景《はるかげ》から
家督《かとく》と守護代《しゅごだい》の
職《しょく》を受《う》け継《つ》いだ
けん…し…ん…
あとは…
まか…せた

猫《ねこ》パーンチ

西暦《せいれき》1552年《ねん》
※関東管領《かんとうかんれい》の上杉憲政《うえすぎのりまさ》が助《たす》けを求《もと》めてきた
たす
けてニャー
上杉殿《うえすぎどの》！
北条氏康《ほうじょううじやす》に上野国《こうずけのくに》をとられたのニャー
ニャハハ
北条氏康《ほうじょううじやす》
ニャンですと!?
大好《だいす》きな関東管領《かんとうかんれい》をおびやかす奴《やつ》はこの毘沙門天《びしゃもんてん》の生《う》まれ変《か》わりの謙信《けんしん》が許《ゆる》さないのニャー!!
ゴ
ゴ
ゴ
ゴ
毘沙門天《びしゃもんてん》猫《ねこ》パーンチ!!
パシン
毘沙門天《びしゃもんてん》の生《う》まれ変《か》わりなの?
はい
ごめんニャさ…!

越後《えちご》の龍《りゅう》

さらに…
たすけてニャー
信濃国《しなののくに》の村上義清《むらかみよしきよ》らも助《たす》けを求《もと》めてきた
甲斐《かい》の武田《たけだ》信玄《しんげん》に攻《せ》められてるのニャ〜
ニャにー!?
そういう猫《ねこ》の道《みち》に反《はん》することはうちの殿《との》が決《けっ》して許《ゆる》しません!
我《わ》が殿《との》は毘沙門天《びしゃもんてん》の生《う》まれ変《か》わりだからニャ
ありがとう…
この「越後《えちご》の龍《りゅう》」が決《けっ》して許《ゆる》さん!
越後《えちご》の龍《りゅう》
毘沙門天《びしゃもんてん》は!?
かえたの!?

※関東管領《かんとうかんれい》…関東《かんとう》を治《おさ》めるために置《お》かれた室町幕府《むろまちばくふ》の重職《じゅうしょく》。上杉氏《うえすぎし》が代々《だいだい》務《つと》めた。

対決《たいけつ》

西暦《せいれき》1553年《ねん》
第一次《だいいちじ》川中島《かわなかじま》の戦《たたか》い
ビュオオ
私《わたし》は越後《えちご》の龍《りゅう》!
越後《えちご》の龍《りゅう》
ならば私《わたし》は…
甲斐《かい》の虎《とら》!!
甲斐《かい》の虎《とら》
行《い》けー甲斐《かい》の虎《とら》!!
負《ま》けるな越後《えちご》の龍《りゅう》!!
がしがし
なんの勝負《しょうぶ》ですかー
わっせわっせ

同《おな》じタイプ

西暦《せいれき》1555年《ねん》
第二次《だいにじ》川中島《かわなかじま》の戦《たたか》い
それはニャンですか?
「いちごの龍《りゅう》」
ええーー!!
信玄《しんげん》に負《ま》けますよ
どーーん
「貝《かい》の虎《とら》」!!
行《い》けー貝《かい》の虎《とら》!!
ビシビシ
負《ま》けるないちごの龍《りゅう》!!
同《おな》じタイプかー…

出奔《しゅっぽん》

第二次川中島《だいにじかわなかじま》の戦《たたか》いは7か月《げつ》にもおよんだ…
サイの虎《とら》
いちごの牛《ぎゅう》
スー
スー
そして今川義元《いまがわよしもと》の仲裁《ちゅうさい》で終了《しゅうりょう》した
もう引《ひ》き分《わ》けでいいよね
OKでーす
はーい
今川義元《いまがわよしもと》
あ、たのしかった
あれ？終《お》わったんっスか？
おつかれ様《さま》でーす
むっ
謙信《けんしん》は家出《いえで》した
だっ
あーとのー!!!

謀反《むほん》

とのーー戻《もど》って来《き》てくださーい!!
プイ
実《じつ》は大熊朝秀《おおくまともひで》が謀反《むほん》を起《お》こし信玄《しんげん》と手《て》を組《く》みましたのニャー!!
ニャにー!?
朝秀《ともひで》が信玄《しんげん》ちゃんと手《て》を組《く》んだ!?
大熊《おおくま》朝秀《ともひで》
がしっ
謙信《けんしん》は朝秀《ともひで》を破《やぶ》った
そんなことは絶対許《ぜったいゆる》せーん!!
バシッ
毘沙門天猫パーンチ
お、おー

気付《きづ》けば

西暦《せいれき》1560年《ねん》 北条氏康《ほうじょううじやす》の追討《ついとう》に 出発《しゅっぱつ》した
幕府《ばくふ》の敵《てき》 氏康《うじやす》を 成敗《せいばい》する のニャー
オー
ゴーゴー
あ! 謙信《けんしん》ニャ
かわいいー
わーい わーい
わーい わーい
謙信《けんしん》 ニャー♡
気付《きづ》けば10万《まん》の兵《へい》
どどーん
けんしんLOVE
うわーー!!
フフフフ
氏康《うじやす》

総《そう》くずれ

なんだ なんだ?
?
けんしん♡LOVE
あ! 信玄《しんげん》ちゃん!
わーい 信玄《しんげん》ちゃんだー!!
えっ!?
たたた
信玄《しんげん》が謙信軍《けんしんぐん》の背後《はいご》をつき 軍《ぐん》はくずれて 氏康《うじやす》は助《たす》かった
くるりっ
な…なんか 助《たす》かった…
ドドドドド

うれしくて

謙信《けんしん》どのー
ニャ!?
いいものをあげるのニャ
上杉《うえすぎ》殿《どの》!
謙信《けんしん》は「上杉《うえすぎ》」の名《な》を受《う》け継《つ》いだ
パサリ
関東管領《かんとうかんれい》
上杉憲政《うえすぎのりまさ》
そしてこれもニャ
大《だい》サービス!
さらに関東管領職《かんとうかんれいしょく》も受《う》け継《つ》いだ
パサリ
あまりのうれしさに固《かた》まった
かわいいー
ピキーーン

奇策対決《きさくたいけつ》

よーし信玄《しんげん》ちゃんに見《み》せに行《い》こう!
たん
たらん
西暦《せいれき》1561年《ねん》第四次川中島《だいよじかわなかじま》の戦《たたか》い
たんたたーん
風林火山
信玄《しんげん》ちゃんみてみてー!!
いー
いー
いー
うわっ
キツツキ戦法《せんぽう》
ポロリ
猫《ねこ》パニック車懸《くるまがか》りの陣《じん》
うわ〜
クラ
ぐるん
ぐるん
ぐるん
カオス

チャンス

結局《けっきょく》決着《けっちゃく》がつかないまま…西暦《せいれき》1573年《ねん》
すまんなー
すー
ガーン
信玄《しんげん》は亡《な》くなった
殿《との》ー!! 今《いま》こそ信玄《しんげん》のいない甲斐国《かいのくに》を攻《せ》めるチャンスですニャー!!
とのー!!
大《だい》チャンス…
くるりっ
ううう……
ご…ごめんニャさーい
謙信《けんしん》は動《うご》かなかった

生《う》まれ変《か》わり

そのスキに織田信長《おだのぶなが》が謙信《けんしん》の大好《だいす》きな室町幕府《むろまちばくふ》を滅《ほろ》ぼしてしまった
織田信長《おだのぶなが》
最後《さいご》の将軍《しょうぐん》足利義昭《あしかがよしあき》
イェーイ
ベリッ
バリ
フミャー
ゴゴゴゴ
あ、謙信殿《けんしんどの》!これにはワケが…
フミャーごめんニャさーい!!
コン
やっぱり毘沙門天《びしゃもんてん》の生《う》まれ変《か》わりだった

戦《いくさ》が強《つよ》かった正義《せいぎ》の武将《ぶしょう》
上《うえ》杉《すぎ》謙《けん》信《しん》

パラメータ

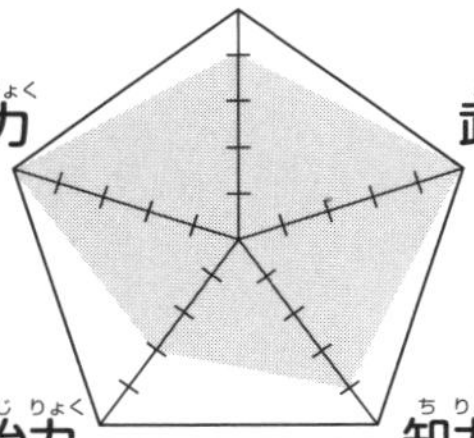

生没年《せいぼつねん》
【1530年《ねん》～1578年《ねん》】

出身地《しゅっしんち》
【越後国《えちごのくに》（新潟県《にいがたけん》）】

あだ名《な》
【越後《えちご》の龍《りゅう》】

困《こま》った人《ひと》を救《すく》い続《つづ》けた謙信《けんしん》

病弱《びょうじゃく》だった兄《あに》の跡《あと》を継《つ》ぎ、越後国《えちごのくに》（今《いま》の新潟県《にいがたけん》）を治《おさ》めることになった**上杉謙信《うえすぎけんしん》**は「義理《ぎり》がたい人《ひと》」「正義《せいぎ》の武将《ぶしょう》」だといわれています。

確《たし》かに謙信《けんしん》は、かつて関東《かんとう》を治《おさ》めていた**関東管領《かんとうかんれい》**・上杉氏《うえすぎし》から助《たす》けを求《もと》められると、関東《かんとう》に兵《へい》を出《だ》してこれを救《すく》おうとしています。謙信《けんしん》が関東《かんとう》に出兵《しゅっぺい》したのは十数回《じゅうすうかい》に及《およ》びました。

また、**武田信玄《たけだしんげん》**により信濃国《しなののくに》（今《いま》の長野県《ながのけん》）を追《お》われた武将《ぶしょう》たちから頼《たよ》られると、こちらにも何度《なんど》となく兵《へい》を出《だ》し、信玄《しんげん》と争《あらそ》いました。これが「**川中島《かわなかじま》の戦《たたか》い**」です。

苦労《くろう》を惜《お》しまず人助《ひとだす》けを繰《く》り返《かえ》しただけではなく、生涯《しょうがい》、お嫁《よめ》さんももらわずに、ひたすら**毘沙門天《びしゃもんてん》**という神様《かみさま》を信仰《しんこう》し続《つづ》けた謙信《けんしん》。確《たし》かに、まじめで一途《いちず》な「正義《せいぎ》の武将《ぶしょう》」のように思《おも》えてきますね。

車懸《くるまがか》りの陣《じん》

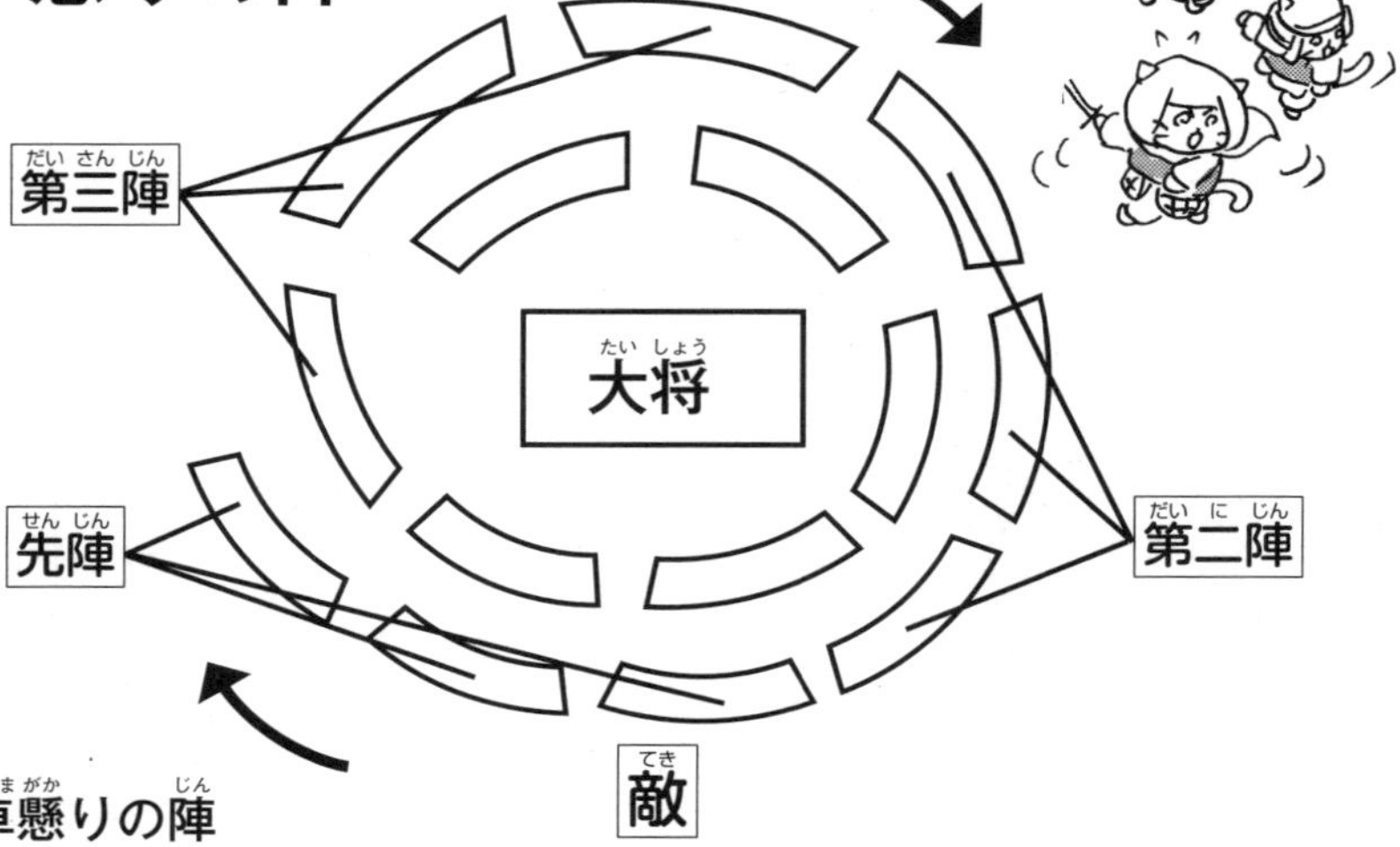

車懸《くるまがか》りの陣《じん》
車輪《しゃりん》のように陣《じん》を回転《かいてん》させ、常《つね》に新《あたら》しい兵《へい》が戦《たたか》う戦法《せんぽう》です。

信玄《しんげん》や信長《のぶなが》との決戦《けっせん》の結果《けっか》は?

そんな謙信《けんしん》は、とにかく戦《いくさ》が強《つよ》かったことで知《し》られています。「川中島《かわなかじま》の戦《たたか》い」では、**車懸《くるまがか》りの陣《じん》**という画期的《かっきてき》な戦法《せんぽう》を用《もち》いて、武田軍《たけだぐん》に大《おお》いに恐《おそ》れられたといいます。

また、天下統一《てんかとういつ》を狙《ねら》う**織田信長《おだのぶなが》**にとっても、謙信《けんしん》は、信玄《しんげん》と並《なら》ぶ強敵《きょうてき》でした。「**手取川《てどりがわ》の戦《たたか》い**」と呼《よ》ばれる合戦《かっせん》で、織田軍《おだぐん》にかなりの損害《そんがい》を与《あた》えたという話《はなし》も伝《つた》わっています。

その翌年《よくねん》、謙信《けんしん》は大規模《だいきぼ》な軍事行動《ぐんじこうどう》の準備《じゅんび》をはじめます。詳《くわ》しくわかっていないのですが、関東《かんとう》を平定後《へいていご》、信長《のぶなが》との決戦《けっせん》に臨《のぞ》む予定《よてい》だったのではないかともいわれています。

しかし、この作戦《さくせん》が実行《じっこう》されることはありませんでした。準備《じゅんび》の最中《さいちゅう》に謙信《けんしん》が急病《きゅうびょう》で亡《な》くなってしまったからです。信長《のぶなが》は、またしても強《きょう》敵《てき》の病死《びょうし》によって救《すく》われたのです。

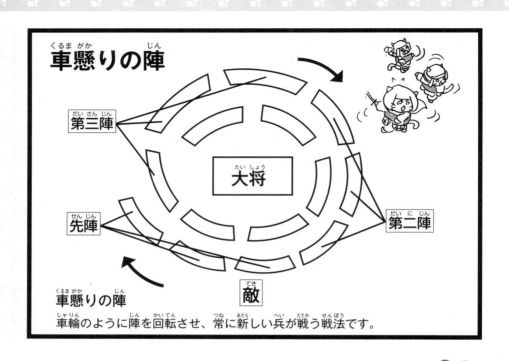

今《いま》は石垣《いしがき》などが残《のこ》っている

写真提供《しゃしんていきょう》：上越市《じょうえつし》

越後《えちご》の龍《りゅう》・上杉謙信《うえすぎけんしん》が生《う》まれ育《そだ》ち、生涯《しょうがい》を閉《と》じた城《しろ》

春日《かすが》山《やま》城《じょう》

どんなお城《しろ》？

高《たか》さ180mの春日山《かすがやま》全域《ぜんいき》に広《ひろ》がる山城《やまじろ》で、蜂《はち》ケ峰《がみね》城《じょう》とも呼《よ》ばれています。南北朝時代《なんぼくちょうじだい》に築《きず》かれた城《しろ》を1510年《ねん》、**長尾為景《ながおためかげ》が大規模《だいきぼ》に改修《しゅう》、その息子《むすこ》である長尾景虎《ながおかげとら》（上杉謙信《うえすぎけんしん》）が完成《かんせい》させました。**

山頂《さんちょう》に天守台《てんしゅだい》がありますが、天守《しゅ》は建《た》てられませんでした。天守台《しゅだい》から日本海《にほんかい》、頚城《くびき》（高田《たかだ》）平野《へいや》をみわたすことができます。井戸《いど》、土塁《どるい》、空堀《からぼり》、石垣《いしがき》などが残《のこ》されています。

・**場所《ばしょ》**　新潟県上越市《にいがたけんじょうえつし》　・**築城《ちくじょう》**　南《なん》北朝時代《ぼくちょうじだい》　・**アクセス**　えちごトキめき鉄道妙高《てつどうみょうこう》はねうまライン「春日《かすが》山駅《やまえき》」下車《げしゃ》　徒歩《とほ》40分《ぷん》

この城《しろ》でのできごと

1578年《ねん》、上杉謙信《うえすぎけんしん》が急死《きゅうし》すると、景勝《かげかつ》と景虎《かげとら》という2人《ふたり》の養子《ようし》の間《あいだ》で跡《あと》つぎをめぐる争《あらそ》いがおこりました（御館《おたて》の乱《らん》）。**この争《あらそ》いで先《さき》に春日山城《かすがやまじょう》に入《はい》り、城《しろ》にあった遺産《いさん》を自分《じぶん》のものにしたのが景勝《かげかつ》です。**

景勝《かげかつ》はこのお金《かね》をもとに戦《たたか》い、景虎《かげとら》を追《お》い出《だ》し、跡《あと》つぎになることができたといわれています。1598年《ねん》に景勝《かげかつ》が会津《あいづ》に移《うつ》されたあと、堀氏《ほりし》が領主《りょうしゅ》となり別《べつ》の城《しろ》ができたため、春日山《かすがやま》城《じょう》は廃城《はいじょう》となりました。

本丸跡《ほんまるあと》

豆知識《まめちしき》

上杉謙信《うえすぎけんしん》はこの春日山城《かすがやまじょう》から何度《なんど》も戦《たたか》いに出《で》かけましたが、関東《かんとう》への出兵《しゅっぺい》はほとんどが冬《ふゆ》の間《あいだ》でした。春日山城《かすがやまじょう》のあるところは冬《ふゆ》になると雪《ゆき》がたくさん降《ふ》り、ほかから攻撃《こうげき》されることがないので、留守《るす》にしても安心《あんしん》だったからです。また、上杉軍《うえすぎぐん》の兵《へい》のほとんどが農民《のうみん》であり、冬以外《ふゆいがい》の季節《きせつ》は農作業《のうさぎょう》で忙《いそが》しかったからともいわれています。ですから、冬《ふゆ》の間《あいだ》に戦《たたか》いに勝《か》って支配《しはい》した地域《ちいき》も、農作業《のうさぎょう》の季節《きせつ》になると兵《へい》が地元《じもと》に帰《かえ》ってしまうので、敵《てき》に取《と》り返《かえ》されてしまうというくり返《かえ》しでした。

上杉謙信像《うえすぎけんしんぞう》

信長《のぶなが》とサル

西暦《せいれき》1559年《ねん》織田信長《おだのぶなが》が尾張《おわり》を統一《とういつ》した
ジャーン
織田信長《おだのぶなが》
（通称《つうしょう》・尾張《おわり》の大《おお》うつけ）
サル！
ウキャ
お気《き》に入《い》りのサル
行《い》くぞ！
のしのし
でかっ!!
サルは猫《ねこ》よりもでかい

束《たば》ね！ねこねこ日《に》本《ほん》史《し》

武田勝頼《たけだかつより》
武田信玄《たけだしんげん》の不肖《ふしょう》の息子《むすこ》

明智光秀《あけちみつひで》
信長《のぶなが》の部下《ぶか》だったが裏切《うらぎ》る

織田信長《おだのぶなが》
尾張《おわり》を統一《とういつ》した天下猫《てんかねこ》

ぞうりとり

ん?
わしのぞうりがないぞ?
それはそのーサルが…
何《なに》!?
ほほう…
さては懐《ふところ》で温《ぬく》めておるのじゃな…
いいえ、木《き》の上《うえ》にひっかけてます
ガーン

合戦《かっせん》

このバカザルが!!
バシ バシ
ウキャ ウキャ
いいからとってこい!!
ウキャ
ちょい ちょい
もぎっ
ウキッ
ウキッ
バシ
バシ
バシ
うわーサルカニ合戦《がっせん》だー
青柿《あおがき》
てめーコノヤロー

桶狭間《おけはざま》の戦《たたか》い

そんな中《なか》 1560年《ねん》
桶狭間《おけはざま》
今川義元《いまがわよしもと》の2万《まん》の軍《ぐん》に対《たい》し…
信長《のぶなが》はたったの2千《せん》とサル1匹《ぴき》
あコラ 勝手《かって》に行《い》くな!!
ウキー
うわー なんか サルが入《はい》って来《き》たー
ギャアアアア
信長《のぶなが》の奇襲作戦《きしゅうさくせん》により勝利《しょうり》

有名人《ゆうめいじん》

有名猫《ゆうめいねこ》
桶狭間《おけはざま》の勝利《しょうり》により信長《のぶなが》の名《な》は全国《ぜんこく》に知《し》れわたった
フハハハ
信長《のぶなが》って あのサル つれてる やつか?
そう! あの サル つれてるやつ!
朝倉義景《あさくらよしかげ》
浅井長政《あざいながまさ》
あいつなんで サルつれてん だ?
えーっと… 名前《なまえ》 なんだ?
サル田《だ》 サル長《なが》 だっけ?
上杉謙信《うえすぎけんしん》
武田信玄《たけだしんげん》
ちがーう!!!
サルつれて 歩《ある》くのやめれば いいのに…

美濃攻《みのぜ》め

1566年《ねん》
どどーん
信長《のぶなが》は美濃《みの》の稲葉山城《いなばやまじょう》を攻《せ》めていた
よーし！ワシに続《つづ》けー!!
わー わー
わー
バリ
バリ
バリ
バリ
ワハハ だいぶダメージを与《あた》えたぞ!!
……
ですなー！殿《との》!!
ワハハ

サルの秘策《ひさく》

くそー！なぜなかなか落《お》ちぬ!!
バリ
バリ
ウキッ
何《なに》!?
サルめにいい考《かんが》えがあるだと!?
墨俣《すのまた》に拠点《きょてん》となる城《しろ》を作《つく》るのです！あらかじめ上流《じょうりゅう》で仮組《かりぐ》みした部品《ぶひん》を川《かわ》で川下《かわしも》まで運《はこ》び一気《いっき》に組《く》み立《た》てて敵《てき》もびっくりの一夜城《いちやじょう》を建《た》てるのです！
何《なに》を言《い》ってるのかサッパリわっかりませ～ん
ウキー ウキー
ウキ ウキ
サル語《ご》
ワハハハ
かわいい～

墨俣一夜城《すのまたいちやじょう》

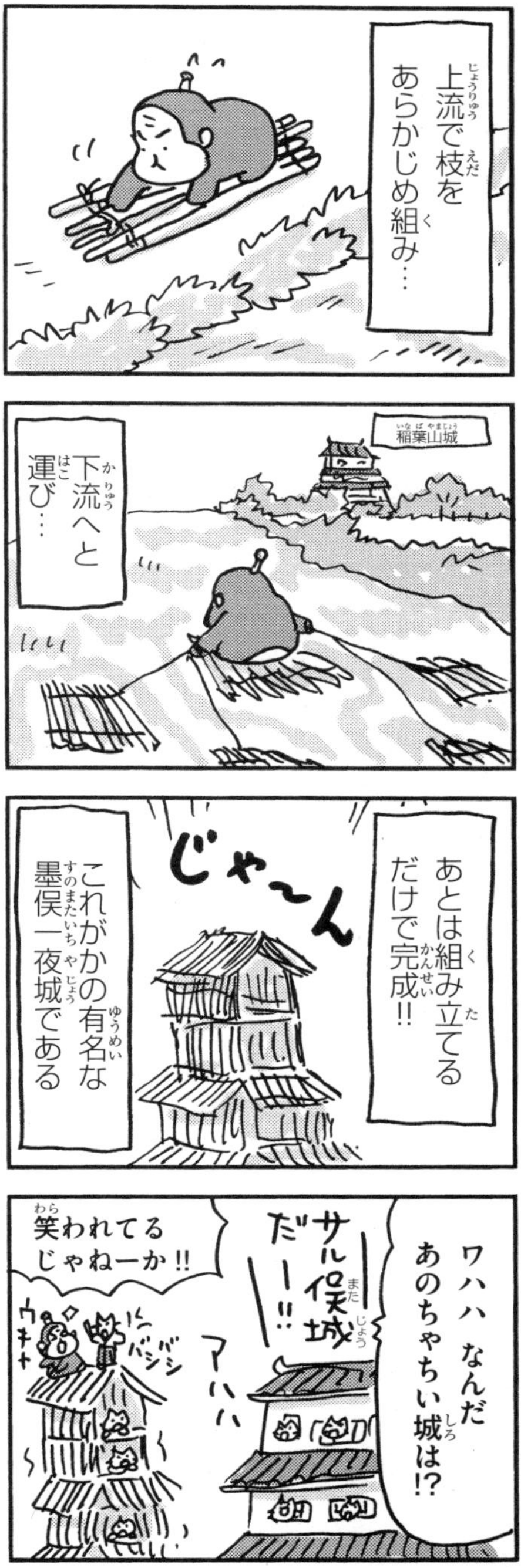
上流《じょうりゅう》で枝《えだ》をあらかじめ組《く》み…
稲葉山城《いなばやまじょう》
下流《かりゅう》へと運《はこ》び…
あとは組《く》み立《た》てるだけで完成《かんせい》!!
じゃ〜ん
これがかの有名《ゆうめい》な墨俣一夜城《すのまたいちやじょう》である
ワハハ なんだ あのちゃちい城《しろ》は!?
サル俣《また》城《じょう》だー!!
アハハ
笑《わら》われてるじゃねーか!!
ウキ
バシバシ

攻略《こうりゃく》

うわー なんか グラグラする〜!!
グラ グラ グラ
ぐわしゃ
うわー
稲葉山城《いなばやまじょう》 攻略《こうりゃく》

長篠《ながしの》の戦《たたか》い

1575年《ねん》
長篠《ながしの》の戦《たたか》い
武田勝頼《たけだかつより》（信玄《しんげん》の息子《むすこ》）と最強《さいきょう》キバ軍団《ぐんだん》1万《まん》5千《せん》の兵《へい》に対《たい》し
いー〜
信長《のぶなが》は新《あたら》しい武器《ぶき》「鉄砲《てっぽう》」3千丁《ぜんちょう》で対抗《たいこう》!!
ザン
バシバシ
バシ
使《つか》い方《かた》がちがーう!!
ニャーニャー
バシ
いてててて

鉄砲三段撃《てっぽうさんだんう》ち

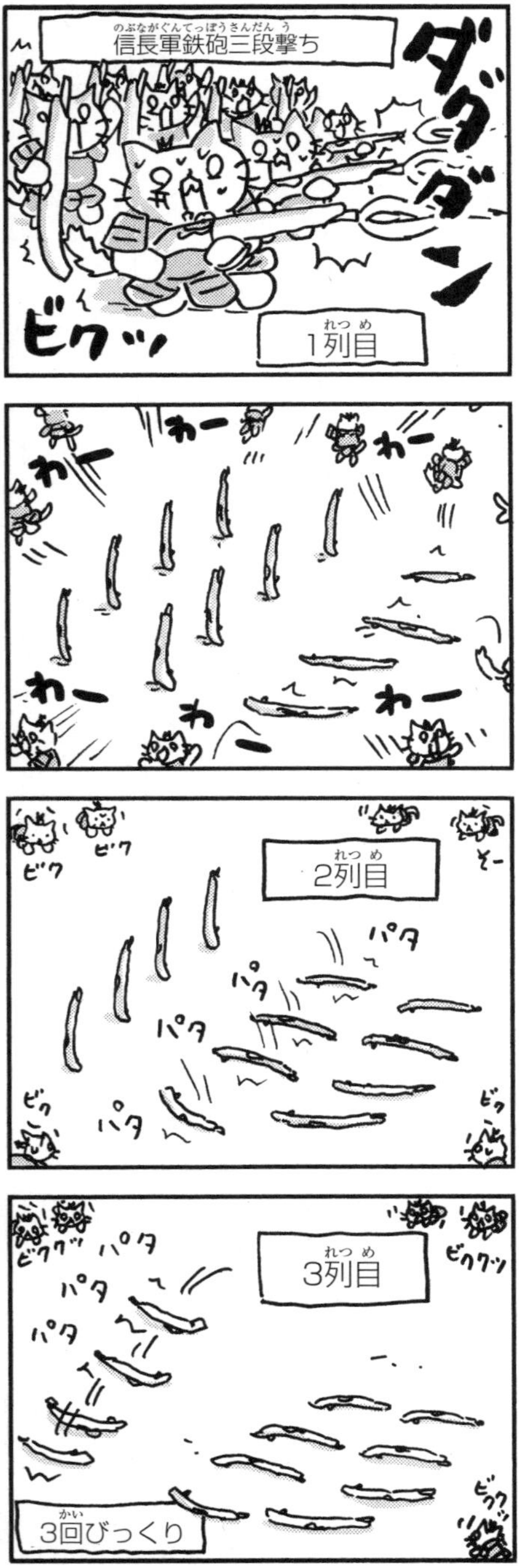
信長軍鉄砲三段撃《のぶながぐんてっぽうさんだんう》ち
ダダダーン
ビクッ
1列目《れつめ》
わー
わー
わー
わー
わー
2列目《れつめ》
ビク
ビク
パタ
パタ
パタ
パタ
3列目《れつめ》
ビクワッ
パタ
パタ
パタ
ビクワッ
3回《かい》びっくり

安土城《あづちじょう》

1579年《ねん》
信長《のぶなが》は日本一《にほんいち》高《たか》い安土城《あづちじょう》を建《た》てた
どどーん
すごい高《たか》さだ〜!!
中《なか》も豪華《ごうか》!!
でも…
一番《いちばん》いい場所《ばしょ》はここ
ポカ
ポカ
もったいねー

光秀《みつひで》

1582年《ねん》
京都《きょうと》
ザッザッザッ
明智《あけち》光秀《みつひで》
みなの者《もの》よく聞《き》けい!!
敵《てき》は本能寺《ほんのうじ》にあり!!
オー
オー
信長《のぶなが》かくごー!!
わーわー
クルッ
本能寺《ほんのうじ》ってどっちだー!?
急《きゅう》になわばりから出《で》て猫《ねこ》パニック
わー
ニャー
わー
わー
ニャー

本能寺内《ほんのうじない》

本能寺《ほんのうじ》
スー
スー
わー
わー
ビクッ
何《なに》ごとじゃ!?
わー
わー
光秀《みつひで》が裏切《うらぎ》りました!!
おのれ光秀《みつひで》〜!!
わー
わー
光秀《みつひで》本能寺境内《ほんのうじけいだい》に潜入《せんにゅう》
わー
わー
どこニャー
でもはじめてのおうちで猫《ねこ》パニック
どこニャー

信長《のぶなが》の最期《さいご》

ぬ〜もはやこれまで…
無念《むねん》!!
わーニャーわー
信長《のぶなが》はどこだ
わーニャーわーニャー
わーニャーわー
信長《のぶなが》どこ〜
ニャー
ここどこー
ゴチン
ごめん
わーわーニャーニャー
…
うるさーい
ガタン
キャー
出《で》たー!!

織田信長《おだのぶなが》

戦国《せんごく》の世《よ》を駆《か》け抜《ぬ》けた偉大《いだい》なる武将《ぶしょう》

パラメータ

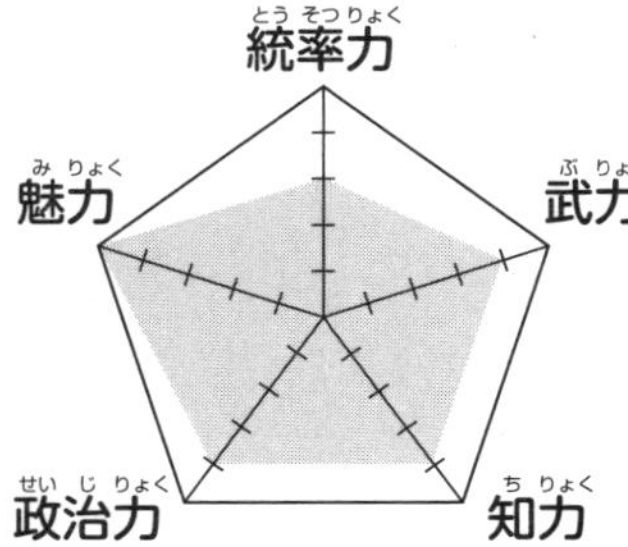

生没年《せいぼつねん》
【1534年《ねん》～1582年《ねん》】

出身地《しゅっしんち》
【尾張国《おわりのくに》（愛知県西部《あいちけんせいぶ》）】

あだ名《な》
【大《おお》うつけ】

少年時代《しょうねんじだい》は暴《あば》れん坊《ぼう》だった⁉

織田信長《おだのぶなが》は、尾張国《おわりのくに》（今《いま》の愛知県西部《あいちけんせいぶ》）の有力《ゆうりょく》な武将《ぶしょう》の家《いえ》の跡取《あとと》りとして生《う》まれました。

ところが、若《わか》い頃《ころ》の信長《のぶなが》は、みんなから「若様《わかさま》」とか呼《よ》ばれる身分《みぶん》だったのに、とてもやんちゃな暴《あば》れん坊《ぼう》でした。まわりの人《ひと》は、信長《のぶなが》のことを陰《かげ》で「**大《おお》うつけ**（おろか者《もの》）」とか呼《よ》んでいたようなのです。

袖《そで》を外《はず》した服《ふく》を着《き》て、帯《おび》の代《か》わりに縄《なわ》をしめ、鞍《くら》（乗馬《じょうば》のために馬《うま》の背《せ》に置《お》く道具《どうぐ》）もつけずに馬《うま》を乗《の》り回《まわ》し、瓜《うり》や柿《かき》などをほおばりながら町中《まちじゅう》をウロウロするといった、変《か》わったことばかりしている、かなり不良《ふりょう》っぽい少年《しょうねん》だったみたいです。

あまりのひどさに、信長《のぶなが》の教育係《きょういくがかり》だった武将《ぶしょう》が、切腹《せっぷく》して信長《のぶなが》の態度《たいど》を改《あらた》めさせようとした、という話《はなし》も伝《つた》わっているくらいです。

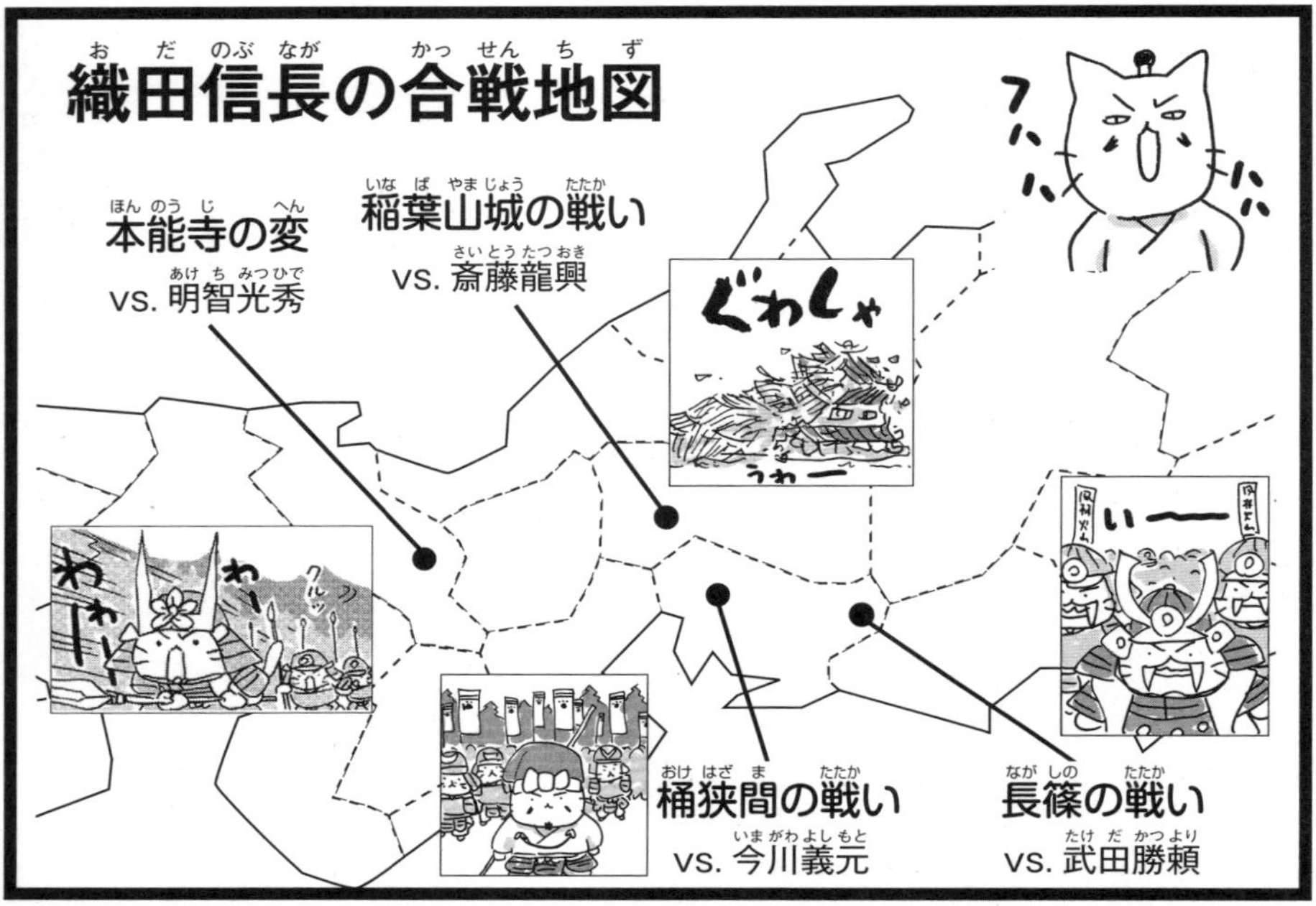

10倍近《ばいちか》い敵《てき》を撃破《げきは》！

そんな信長《のぶなが》も、父《ちち》の死後《しご》、織田氏《おだし》の当主《とうしゅ》となると、尾張国《おわりのくに》を統一《とういつ》に導《みちび》き、徐々《じょじょ》に立派《りっぱ》な武将《ぶしょう》としての才能《さいのう》を発揮《はっき》しはじめます。

今川義元《いまがわよしもと》が2万《まん》とも2万《まん》5千《せん》ともいわれる大《たい》軍《ぐん》で攻《せ》め込《こ》んできた時《とき》には、2千《せん》～3千《ぜん》というわずかな兵《へい》で見事《みごと》これを撃破《げきは》。この「**桶狭間《おけはざま》の戦《たたか》い**」と呼《よ》ばれる一戦《いっせん》で、信長《のぶなが》の名《な》は一躍全国《いちやくぜんこく》に知《し》れわたることになりました。

その後《ご》、信長《のぶなが》は、美濃国《みののくに》（今《いま》の岐阜県南部《ぎふけんなんぶ》）の斎藤氏《さいとうし》や武田氏《たけだし》など数々《かずかず》の強敵《きょうてき》を倒《たお》し、天下《てんか》統一《とういつ》にあと一歩《いっぽ》というところまで迫《せま》ります。

ところが、1582年《ねん》、京《きょう》の**本能寺《ほんのうじ》**で休《やす》んでいたところを部下《ぶか》である**明智光秀《あけちみつひで》**に攻《せ》められ、突然《とつぜん》、この世《よ》を去《さ》ることになりました。本能寺《ほんのうじ》には火《ひ》がかけられ、信長《のぶなが》の遺体《いたい》は髪《かみ》の毛《け》1本《ぽん》も残《のこ》らずに焼《や》けてしまったといわれています。

国《くに》の特《とく》別史跡《べつしせき》

安土城《あづちじょう》

信長《のぶなが》の野望《やぼう》の象徴《しょうちょう》、日本《にほん》で最初《さいしょ》の「天守《てんしゅ》を持《も》った城《しろ》」

どんなお城《しろ》?

織田信長《おだのぶなが》が安土山《あづちやま》に建《た》てた山城《やまじろ》。現在《げんざい》は焼《や》け落《お》ちて、石垣《いしがき》のみが残《のこ》っています。**穴太衆《あのうしゅう》と呼《よ》ばれる技能集団《ぎのうしゅうだん》によって積《つ》み上《あ》げられた石垣《いしがき》はそれまでの日本《にほん》の建築《けんちく》にはない技術《ぎじゅつ》を使《つか》った見事《みごと》なもので**、これを始《はじ》まりとして、その後《ご》の日《に》

写真提供《しゃしんていきょう》:(公社《こうしゃ》)びわこビジターズビューロー(この項《こう》すべて)

- **場所《ばしょ》**　滋賀県近江八幡市《しがけんおうみはちまんし》
- **築城《ちくじょう》**　1576年《ねん》
- **アクセス**　JR「安土駅《あづちえき》」下車《げしゃ》　徒歩《とほ》25分《ふん》

本《ほん》の城《しろ》に立派《りっぱ》な石垣《いしがき》が使《つか》われるようになりました。安土城以前《あづちじょういぜん》の城《しろ》では、大《おお》きな天守《てんしゅ》（天主《てんしゅ》）もなく、山《やま》をそのまま城《しろ》にすることもありませんでしたが、安土城《あづちじょう》はそれらをすべて実現《じつげん》していました。まさに独創的《どくそうてき》な城《しろ》であり、新《あたら》しい発《はっ》想《そう》を持《も》つ信長《のぶなが》ならではといえます。

この城《しろ》でのできごと

織田信長《おだのぶなが》が、1576年《ねん》に家臣《かしん》の丹羽長秀《にわながひで》に命《めい》じてつくらせました。当時《とうじ》この地域《ちいき》の中心《ちゅうしん》だった岐阜城《ぎふじょう》よりも京《きょう》（京都《きょうと》）に近《ちか》く、琵琶湖《びわこ》を利用《りよう》できるため便利《べんり》だと考《かんが》えられたのです。通《つう》常《じょう》、天守《てんしゅ》は戦《たたか》いのときのみ使《つか》われましたが、**信長《のぶなが》は実際《じっさい》にこの天守《てんしゅ》に住《す》んでいたといわれています。軍事《ぐんじ》のための城《しろ》というより、政治《せいじ》を行《おこな》う城《しろ》だったとも考《かんが》えられています。**天下統一《てんかとういつ》への野望《やぼう》を示《しめ》した立派《りっぱ》な城《しろ》でしたが、本能寺《ほんのうじ》の変《へん》のあと廃城《はいじょう》となりました。

豆知識《まめちしき》

日本《にほん》で初《はじ》めての「天守《てんしゅ》」を持《も》つ城《しろ》として有名《ゆうめい》な安土城《あづちじょう》ですが、安土城《あづちじょう》だけは「天《てん》守《しゅ》」ではなく、「天主《てんしゅ》」という字《じ》が使《つか》われます。「天主《てんしゅ》」とはキリスト教《きょう》の神《かみ》を表《あらわ》します。世《よ》の中《なか》のトップに立《た》つという、信長《のぶなが》の野望《やぼう》や信念《しんねん》を表《あらわ》しているのかもしれませんね。

再現《さいげん》された天主《てんしゅ》が展示《てんじ》されている、安土城天主信長《あづちじょうてんしゅのぶなが》の館《やかた》

上司《じょうし》

のちに本能寺《ほんのうじ》の変《へん》で
織田信長《おだのぶなが》を
裏切《うらぎ》ることになる
おのれ
光秀《みつひで》〜〜!!
明智光秀《あけちみつひで》は…
ササー
美濃国《みののくに》を治《おさ》める
名門《めいもん》 土岐一族《ときいちぞく》の
出身《しゅっしん》と言《い》われる…
土岐政頼《ときまさより》
土岐頼芸《ときよりあき》
土岐明智家《ときあけちけ》
でも只今《ただいま》の
上司《じょうし》は…
フミャー
にゲろー
えっ
マムシ
斎藤道三《さいとうどうさん》
フシャー
フシャー
フミャ〜〜

裏切《うらぎ》れ！ねこねこ日《に》本《ほん》史《し》

織田信長《おだのぶなが》
光秀《みつひで》を
かまいすぎる
主君《しゅくん》

明智光秀《あけちみつひで》
本能寺《ほんのうじ》の変《へん》
を起《お》こす戦国武将《せんごくぶしょう》

熙子《ひろこ》
光秀《みつひで》の
かしこい妻《つま》

猫物《にゃんぶつ》

光秀《みつひで》は…
妻《つま》・熙子《ひろこ》
茶道《さどう》や…
あちっ
CAT
連歌《れんが》に精通《せいつう》した
立派《りっぱ》な猫物《にゃんぶつ》でしたが…
のしっ のしっ
いい句です にゃー
ゴロ ゴロ
ゴロゴロ
上司《じょうし》はマムシ
フシャー
バサ
バサ
フミャ〜
フミャ〜

脱出《だっしゅつ》

そんな中《なか》…
道三《どうさん》の息子《むすこ》
義龍《よしたつ》
(マングース)
じゃーん
か
ぷっ
道三親子《どうさんおやこ》の争《あらそ》いに巻《ま》き込《こ》まれ美濃国《みののくに》を脱出《だっしゅつ》した
チラッ
だっ

拾《ひろ》う神《かみ》

どーしよ～
ノラ猫《ねこ》になった
フミャオ～
私《わたし》に任《まか》せて
?
キュー
キュ
こんなのイヤニャ～
じゃーーん
ひろってください
お！うち来《く》るか？
え!?
朝倉義景《あさくらよしかげ》に拾《ひろ》われた
ひろいっ

売《う》ったもの

ある日《ひ》、朝倉家《あさくらけ》に来《き》た光秀《みつひで》は皆《みな》を招《まね》いて一席《いっせき》もてなさなければいけなくなった
次《つぎ》は光秀殿《みつひでどの》が一席《いっせき》もうけてくれニャ
たのしみー
は…はい！
熙子《ひろこ》～!!どーしよ～お金《かね》がないよ～!!
ボロ
…
どうぞ
はい
チャリン
このお金《かね》は一体《いったい》…まさかお前《まえ》髪《かみ》を売《う》ったのか!?
ちがうわ！毛玉《けだま》を集《あつ》めて売《う》ったのよ！
ハハニャ～
ふわ
ふわ
パサッ
熙子《ひろこ》ー!!

永禄《えいろく》の変《へん》

その頃《ころ》 京《きょう》では…
松永久通《まつながひさみち》
13代将軍《だいしょうぐん》・足利義輝《あしかがよしてる》が襲《おそ》われて亡《な》くなり…
バリ
フミャー
バリ
弟《おとうと》の義昭《よしあき》は幽閉《ゆうへい》された
足利義昭《あしかがよしあき》
フミャ～
フミャ～
カリ
カリ
チュー
チュー
ニャーニャー
チュー
チュー
ポイ
しかし将軍家家臣《しょうぐんけかしん》の細川藤孝《ほそかわふじたか》のおかげで脱出《だっしゅつ》に成功《せいこう》した
さ！ 今《いま》のうちに！
ありがとニャー！
だっ
細川藤孝《ほそかわふじたか》

おねがい

どこを頼《たよ》るのニャ～!?
お兄様《にいさま》の義輝様《よしてるさま》が一字《いちじ》をあげた朝倉義景殿《あさくらよしかげどの》の所《ところ》が安全《あんぜん》ですニャ！
たたた
たた
ったた
朝倉義景《あさくらよしかげ》は「義《よし》」の字《じ》を足利義輝《あしかがよしてる》からいただいたのだ
わしの字《じ》を一《ひと》つどうぞ…
ありがとうございますニャ～
義
うわっ！ 義昭様《よしあきさま》!!
スリン
スリン
私《わたし》と一緒《いっしょ》に上洛《じょうらく》して天下《てんか》を取《と》ろうよ～ 義景殿《よしかげどの》！
ええー!?
ポン ポン

脱出《だっしゅつ》

私《わたし》には荷《に》が重《おも》すぎます〜!
あ、そんニャ〜!!
だっ
トコ
トコ
トコ
君《きみ》でもいいよ!
びくぴょーん
3人《にん》は越前国《えちぜんのくに》を出《で》た
まってよ〜ん
おまちくだされー
だっ
猫《ねこ》びっくりしてダッシュ
だっ
だっ

つられて

どこにかくれたのかニャ〜?
フフフ
チロ
チロ
そーっ
はいみっけ!
つかまえっ
くるっ
楽《たの》しそうだニャ〜
あれ?
まてー
くるくる
くる
お!
あ!一緒《いっしょ》に上洛《じょうらく》してくれるんだニャ!
くる
くる
くる
くる
くる
だっ
ち…ちがうのニャー

ズキュン

尾張国《おわりのくに》に
入《はい》った
まて
まてー
たた
たた
た
織田信長《おだのぶなが》
ん？
た
た
たた
た
ズキュン
光秀《みつひで》は信長《のぶなが》にものすごく気《き》に入《い》られた
だきっ

猫《ねこ》かわいがり

光秀《みつひで》は信長《のぶなが》の家臣《かしん》になった
信長《のぶなが》
光秀《みつひで》
ゴロゴロ
ゴロ
あのー私《わたし》ちょっと…
そーっ
どこ行《い》くのニャ？
トイレですのニャ～
一緒《いっしょ》に行《い》くー!!
だっ
前田《まえだ》利家《としいえ》
かわいそうにー…
ぴよぴよーん
柴田勝家《しばたかついえ》

比叡山《ひえいざん》焼《や》き討《う》ち
西暦《せいれき》1571年《ねん》信長軍《のぶながぐん》は比叡山《ひえいざん》を攻撃《こうげき》した
行《い》けー!!
フー
フー
ニャー
ニャー
あー光秀《みつひで》がー!!
バリッ
フミャ
おのれー!!
ゆるさーん!!
しゅばっ
しゅばっ
しゅばっ
ばっ
比叡山《ひえいざん》は全焼《ぜんしょう》した
殿《との》ー!! やりすぎですニャ〜!!
光秀《みつひで》大丈夫《だいじょうぶ》!?
痛《いた》くニャい?
メラ
メラ
メラ
メラ
コクッ

かまい過《す》ぎ
光秀《みつひで》! 大丈夫《だいじょうぶ》!? 光秀《みつひで》! ケガない!?
ペラン ペラン ペラン
大丈夫《だいじょうぶ》ですニャ〜
西暦《せいれき》1576年《ねん》石山本願寺《いしやまほんがんじ》攻《ぜ》め
光秀《みつひで》ー!!
バリッ
フミャ〜
大丈夫《だいじょうぶ》!? 大丈夫《だいじょうぶ》!?
ペラン ペラン ペラン ペラン ペラン ペラン
大丈夫《だいじょうぶ》ですってば〜
ペラン ペラン ペラン ペラン ペラン
やめろニャー
限界《げんかい》だニャ…

真《しん》の意味《いみ》

西暦《せいれき》1582年《ねん》
信長《のぶなが》は毛利軍《もうりぐん》に
苦戦《くせん》している
秀吉《ひでよし》の援軍《えんぐん》に光秀《みつひで》を
向《む》かわせることにした
だめそう
だったら
すぐ戻《もど》って
きていいから
ね!
はいはい
光秀《みつひで》は出陣前《しゅつじんまえ》に
こんな歌《うた》を詠《よ》んだ…
ときは
今《いま》
天《あめ》が下《した》しる
五月《さつき》
かな
サラサラ
これは!?
里村紹巴《さとむらじょうは》
普通《ふつう》に読《よ》むと
「今《いま》は雨《あめ》が降《ふ》る
5月《がつ》だニャー」
しかし真《しん》の意味《いみ》は
「土岐氏出身《ときしゅっしん》の
自分《じぶん》が天下《てんか》を
取《と》るのニャー」とも
とれる…
とても
いいのニャ〜
のしっ♪
ゴロゴロ
ゴロゴロ
ホッ
気付《きづ》かれなかった

本能寺《ほんのうじ》の変《へん》

西暦《せいれき》1582年《ねん》
6月《がつ》2日《ふつか》光秀軍《みつひでぐん》
1万《まん》3千匹《せんびき》…
くるっ
敵《てき》は
本能寺《ほんのうじ》に
あり!
だろうニャ…
本能寺《ほんのうじ》
わーわー
わー
何事《なにごと》ニャ!?
光秀《みつひで》が!!
がばっ
何《なに》!? もう
帰《かえ》ってきちゃった
のか〜!
きゅん
しょ〜がないニャ〜
いえ…謀反《むほん》を
起《お》こしました
おのれ光秀《みつひで》!
あんなに
かわいがって
やったのにー!!
カチン
ま、自業自得《じごうじとく》
っスねー…
わーわー
わー
光秀《みつひで》は信長《のぶなが》を
倒《たお》した

主君《しゅくん》を裏切《うらぎ》った「三日天下《みっかてんか》」の男《おとこ》
明《あけ》智《ち》光《みつ》秀《ひで》

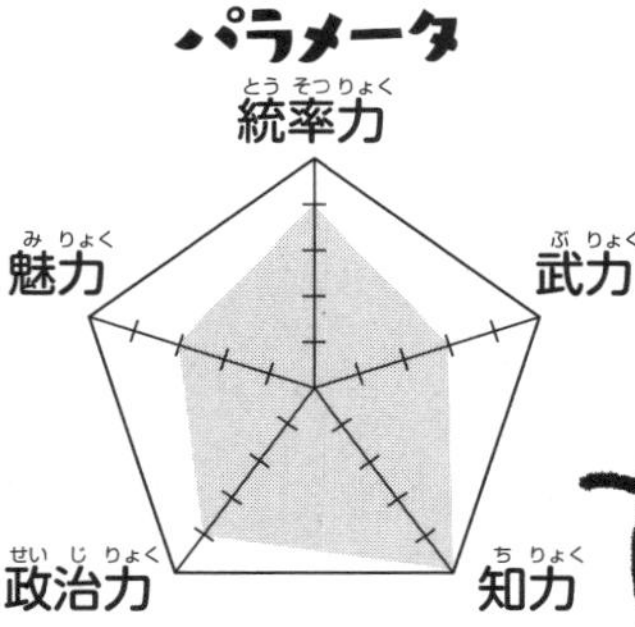
パラメータ
統率力《とうそつりょく》
武力《ぶりょく》
知力《ちりょく》
政治力《せいじりょく》
魅力《みりょく》

生没年《せいぼつねん》
【1528年(?)～1582年《ねん》】
出身地《しゅっしんち》
【美濃国《みののくに》（岐阜県南部《ぎふけんなんぶ》）?】
通称《つうしょう》（呼《よ》び名《な》）
【十兵衛《じゅうべえ》】

不明《ふめい》な点《てん》が多《おお》い青年時代《せいねんじだい》

明智光秀《あけちみつひで》の若《わか》い頃《ころ》に関《かん》しては不明《ふめい》な点《てん》が多《おお》く、いつ、どこで生《う》まれたのかもよくわかっていません。一般的《いっぱんてき》には、**織田信長《おだのぶなが》**より10歳近《さいちか》く年上《としうえ》だといわれていますが、もっと年上《としうえ》だともいわれており、中《なか》には年下説《としたせつ》もあるようです。

生《う》まれた場所《ばしょ》についてもいくつかの説《せつ》がありますが、通常《つうじょう》は美濃国《みののくに》（今《いま》の岐阜県南部《ぎふけんなんぶ》）か、その周辺《しゅうへん》で生《う》まれ、やがて越前国《えちぜんのくに》（今《いま》の福井県《ふくいけん》北部《ほくぶ》）に移動《いどう》したといわれています。

越前国《えちぜんのくに》にいた時《とき》に将軍家《しょうぐんけ》の血《ち》を引《ひ》く**足利義昭《あしかがよしあき》**と出会《であ》い、彼《かれ》を信長《のぶなが》と結《むす》びつけることに成功《せいこう》。その後《ご》、義昭《よしあき》は室町幕府《むろまちばくふ》の**15代将軍《だいしょうぐん》**となり、光《みつ》秀《ひで》は信長《のぶなが》の家臣《かしん》となります。

その後《ご》は畿内《きない》（京都周辺《きょうとしゅうへん》の地域《ちいき》）にいる反抗《はんこう》的《てき》な人々《ひとびと》を退治《たいじ》するなどの成功《せいこう》を収《おさ》め、信長《のぶなが》の有力《ゆうりょく》な家臣《かしん》となって活躍《かつやく》しました。

本能寺《ほんのうじ》の変《へん》が起《お》きた時《とき》の武将《ぶしょう》たち

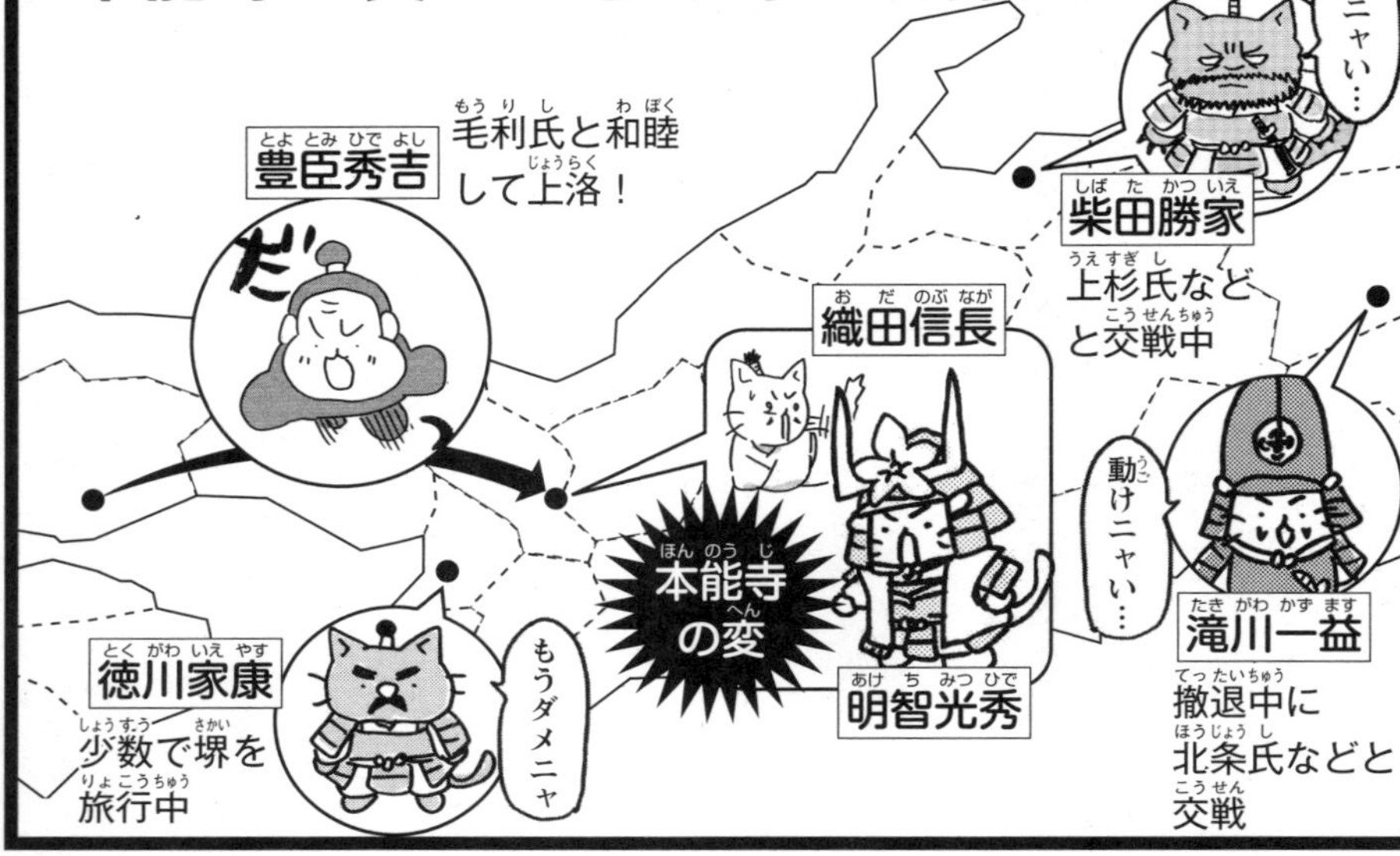

戦国《せんごく》の世《よ》を変《か》えた裏切《うらぎ》り劇《げき》

しかし光秀《みつひで》は、のちに**本能寺《ほんのうじ》の変《へん》**で主君《しゅくん》である信長《のぶなが》を裏切《うらぎ》り、殺害《さつがい》してしまいます。

信長《のぶなが》を裏切《うらぎ》った理由《りゆう》については諸説《しょせつ》あります。信長《のぶなが》に冷《つめ》たくされて恨《うら》んでいたとか、自分《じぶん》が天《てん》下《か》をとろうとした、ともいわれていますが、足《あし》利《かが》義昭《よしあき》などに促《うなが》されて兵《へい》を挙《あ》げたという説《せつ》もあります。ひょっとすると、信長《のぶなが》に愛《あい》されすぎて嫌《いや》になっちゃったのかもしれませんね。

本能寺《ほんのうじ》の変《へん》が起《お》こった時《とき》、信長《のぶなが》の有力《ゆうりょく》な部下《ぶか》たちの多《おお》くは、地方《ちほう》で敵《てき》と戦《たたか》うなどしていたため、すぐに信長《のぶなが》の仇《かたき》をとることができませんでした。一方《いっぽう》、裏切《うらぎ》り者《もの》となった光秀《みつひで》に味方《みかた》する武将《ぶしょう》もほとんどいませんでした。

そんな時《とき》、中国地方《ちゅうごくちほう》で毛利氏《もうりし》と戦《たたか》っていた**豊《とよ》臣秀吉《とみひでよし》**が、いち早《はや》く毛利氏《もうりし》と和睦《わぼく》して入京《にゅうきょう》。光《みつ》秀《ひで》は秀吉軍《ひでよしぐん》に敗《やぶ》れ、命《いのち》を落《お》としたのです。

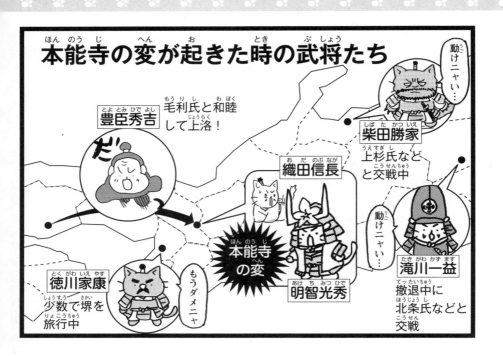

丹波《たんば》を平定《へいてい》した明智光秀《あけちみつひで》の城《しろ》

福知山城《ふくちやまじょう》

- 場所《ばしょ》　京都府福知山市《きょうとふふくちやまし》
- 築城《ちくじょう》　1579年《ねん》
- アクセス　JR・京都丹《きょうとたん》後鉄道《ごてつどう》「福知山駅《ふくちやまえき》」下車《げしゃ》徒歩《とほ》15分《ふん》

どんなお城《しろ》？

もともと横山城《よこやまじょう》と呼《よ》ばれた山城《やまじろ》でしたが、丹《たん》波《ば》を平定《へいてい》した明智光秀《あけちみつひで》によって改修《かいしゅう》され、福《ふく》知《ち》山城《やまじょう》となりました。由良川《ゆらがわ》・土師川《はぜがわ》という2《ふた》つの川《かわ》と丘《おか》に守《まも》られた場所《ばしょ》にあり、近畿地方北部《きんきちほうほくぶ》の中心《ちゅうしん》となった城《しろ》です。明治時代《めいじじだい》の初《はじ》めに、石《いし》垣《がき》と銅門番所以外《あかがねもんばんしょいがい》は取《と》り壊《こわ》されましたが、1986年《ねん》に天《てん》守《しゅ》などが再建《さいけん》されました。**城《じょう》内《ない》にある深《ふか》さ50mの「豊磐《とよいわ》の井《い》」は、城《しろ》の本丸《ほんまる》の中《なか》にある井戸《いど》としては日本一《にほんいち》の深《ふか》さ**で、今《いま》も水《みず》をたたえています。

この城《しろ》でのできごと

福知山城《ふくちやまじょう》は、天下統一《てんかとういつ》に向《む》けて信長《のぶなが》が西側《にしがわ》を攻《せ》めるときの重要《じゅうよう》な拠点《きょてん》でした。光秀《みつひで》は戦《いくさ》だけでなく、**由良川《ゆらがわ》の治水工事《ちすいこうじ》を進《すす》めたり、商家《しょうか》が栄《さか》えるように税金制度《ぜいきんせいど》を変《か》えたり、城下町《じょうかまち》づくりにも熱心《ねっしん》に取《と》り組《く》んだといわれています。**光秀《みつひで》は今《いま》なお地元《じもと》の人々《ひとびと》に愛《あい》されており、城《しろ》を再建《さいけん》するときには、天守《てんしゅ》の瓦《かわら》1枚分《まいぶん》にあたる1口《ひとくち》3000円《えん》の寄付《きふ》を募《つの》る「瓦一枚運動《かわらいちまいうんどう》」によって、市民《しみん》たちから多《おお》くの寄付《きふ》が集《あつ》まりました。

豊磐《とよいわ》の井《い》

豆知識《まめちしき》

福知山城《ふくちやまじょう》の石垣《いしがき》は築城《ちくじょう》当時《とうじ》の良好《りょうこう》な状態《じょうたい》が残《のこ》っており、野面積《のづらづ》みなどと呼《よ》ばれる自然《しぜん》の石《いし》をそのまま積《つ》んでいく積《つ》み方《かた》でつくられています。自然《しぜん》の石《いし》に混《ま》じって、寺《てら》の石造物《せきぞうぶつ》や石仏《せきぶつ》などの石《いし》がたくさん再利用《さいりよう》されているのも特徴《とくちょう》で、これらの石《いし》は転用石《てんようせき》と呼《よ》ばれています。

石垣《いしがき》の中《なか》の転用石《てんようせき》

ねこねこ日本史の さるさる日本史《にほんし》

登《のぼ》れ!

ねね
秀吉《ひでよし》の妻《つま》

豊臣秀長《とよとみひでなが》
秀吉《ひでよし》の弟《おとうと》

豊臣秀吉《とよとみひでよし》
のちの天下人《てんかびと》
通称《つうしょう》「サル」

誓《ちか》い

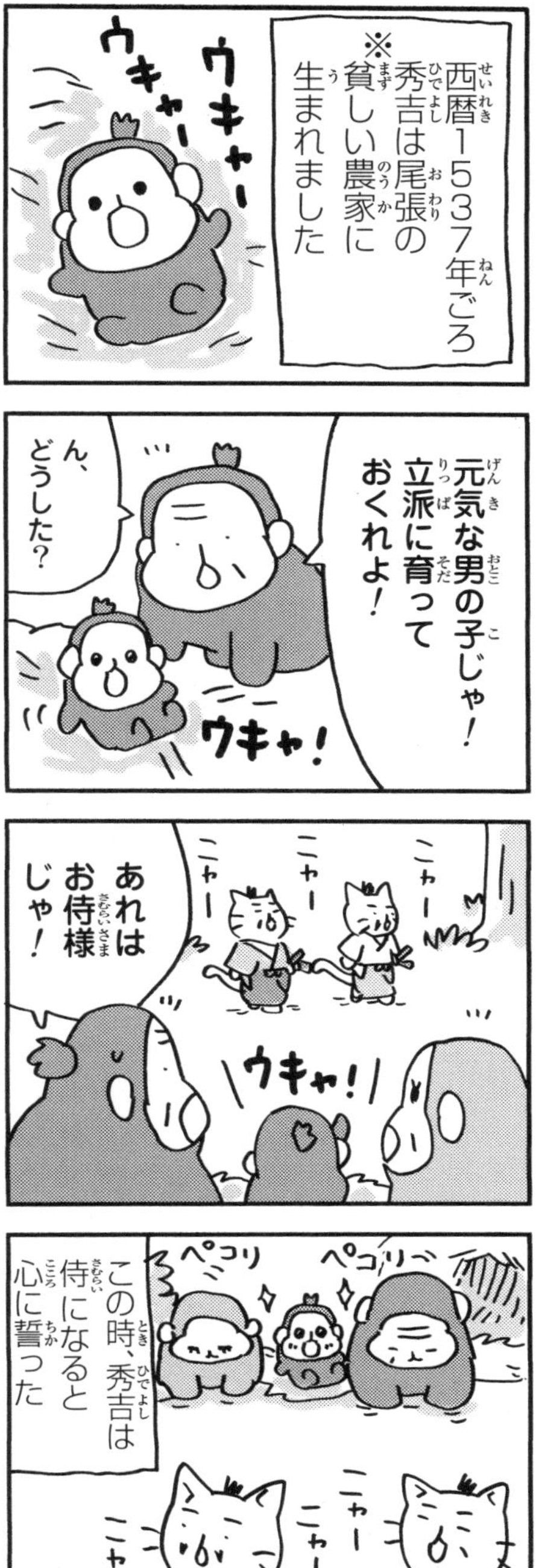

※諸説《しょせつ》あります

最初《さいしょ》の主《あるじ》

月日《つきひ》はたち、数年後《すうねんご》のある雨《あめ》の日《ひ》…
ニャーニャー
ブルブルブル
ブル
どうか私《わたし》を家来《けらい》にしてください！
最初《さいしょ》の主《あるじ》 松下之綱《まつしたゆきつな》
フミャー
ビクッ

出会《であ》い

お待《ま》ちください!!
だっ
フミャー
猫《ねこ》はサル語《ご》がわからない
フミャー
ウキー
フミャー
ウキー
ウキー
ウキー
フミャー
フミャ、
サルいいにゃーオレも飼《か》いたい！
ははっ！
若《わか》き日《ひ》の織田信長《おだのぶなが》
ウキー
ウキー
フミャー

すべてお気《き》に入《い》り

秀吉《ひでよし》は信長《のぶなが》に気《き》に入《い》られ仕《つか》えることになった
一生懸命《いっしょうけんめい》殿《との》のために働《はたら》きます!!
ウキー ウキ ウキ ウキー
サル かわいいニャ〜
清洲城《きよすじょう》の壊《こわ》れた塀《へい》私《わたし》なら3日《か》で修理《しゅうり》してみせます!!
ウキー ウキ ウキ ウキー
かわいいニャ〜

サル知恵《ちえ》

秀吉《ひでよし》は壊《こわ》れた塀《へい》を10等分《とうぶん》し猫達《ねこたち》を10組《くみ》にわけて競争《きょうそう》させることを思《おも》いついた
いいか! 最《もっと》も早《はや》く終《お》わった組《くみ》にはほうびを与《あた》える!
ウキー ウキ ウキ ウキ ウキー
バリ バリ バリ バリ バリ バリ バリ バリ
ちがーう!!

弟《おとうと》

秀吉《ひでよし》は信長《のぶなが》に ますます気《き》に入られ 足軽《あしがる》に格上《かくあ》げされ ついに侍《さむらい》になった
今日《きょう》から侍《さむらい》ニャ
ウキー
殿《との》! お願《ねが》いが あります! ぜひ弟《おとうと》の 秀長《ひでなが》も殿《との》の 家来《けらい》にして やって ください!!
ニャっ?
じゃーーん
弟《おとうと》 秀長《ひでなが》
秀長《ひでなが》も 信長《のぶなが》の家来《けらい》 になった
おおーサルが 2匹《ひき》に!! これはいいニャ〜!!

だらけ

さらに1561年《ねん》
秀吉《ひでよし》は 浅野《あさの》又《また》右衛《え》門《もん》の 養女《ようじょ》と結婚《けっこん》した
じゃーん
ねね
おおー 3匹《ひき》に!!
ウキ
ウキー
ワハハ ゆかいじゃ ゆかいじゃ!
あーサルだらけに なってきたー!!

長浜城《ながはまじょう》

1573年《ねん》、秀吉《ひでよし》は信長《のぶなが》とともに…
ガン
ゴン
カリカリカリ
浅井長政《あざいながまさ》の小谷城《おだにじょう》を攻《せ》め落《お》とした
そしてほうびとして浅井家《あざいけ》の領地《りょうち》をいただいた
サルにあげる
ウキー
そこで長浜城《ながはまじょう》を築《きず》き田舎《いなか》から母《はは》を呼《よ》びよせた
立派《りっぱ》になったねー
エヘン
サル浜城《はまじょう》…っていうかサル山《やま》だニャー!!
ウキー
ウキー
ウキー
ウキー
ウキー
さらにふえたー!!
ワーハハハ

軍師《ぐんし》・官兵衛《かんべえ》

高松城《たかまつじょう》
1582年《ねん》秀吉《ひでよし》は毛利勢《もうりぜい》と戦《たたか》っていた
官兵衛《かんべえ》、ここはどう攻《せ》める?
サル語《ご》
秀吉《ひでよし》の軍師《ぐんし》黒田官兵衛《くろだかんべえ》
猫語《ねこご》
殿《との》ならどう攻《せ》めます?
コミュニケーションとれず
ウキーウキーウキー
ニャーニャーニャーニャーニャーニャー

ワケ

そうこうしているうちに信長《のぶなが》が京《きょう》の本能寺《ほんのうじ》で殺《ころ》されてしまった
大変《たいへん》です! 大殿様《おおとのさま》がー!!
何《なに》ー!?
ニャオー
ニャオー ニャオ〜
ニャオー
え!? 何《なに》!? どうした!?
ここは大殿様《おおとのさま》のことは伏《ふ》せて毛利《もうり》と早急《そうきゅう》に和議《わぎ》を結《むす》び…
全軍《ぜんぐん》を引《ひ》き返《かえ》し裏切《うらぎ》り者《もの》の光秀《みつひで》を討《う》つべきです!
なんで泣《な》いてるの?
ニャー
ニャー
ニャー
まったくコミュニケーションとれず

大返《おおがえ》し

秀吉《ひでよし》の軍《ぐん》はものすごいスピードで京《きょう》に向《む》かった
どこ行《い》くの!?
だっ
ニャー
ニャー
ニャー
世《よ》に言《い》う「秀吉《ひでよし》の中国《ちゅうごく》大返《おおがえ》し」である
ビュン
ニャー
ニャー
ニャー
よーし! 負《ま》けるかー!!
だ
わけもわからず走《はし》り出《だ》した秀吉《ひでよし》
しかし、もう誰《だれ》もついて来《き》ていないぞ!
ウキー
フミャ〜
フミャ〜
猫《ねこ》はスタミナがない

官兵衛《かんべえ》の進言《しんげん》

あ！本能寺《ほんのうじ》！
そんな…信長様《のぶながさま》…
メラ
メラ
メラ
メラ
秀吉様《ひでよしさま》！これからはあなたが天下《てんか》をとる番《ばん》ですニャ！
ストン
ニャー ニャー ニャー ニャー ニャー ニャー ニャー ニャー
ニャーニャー ニャーニャー
うるさい！
バシッ
フミャー

山崎《やまざき》の戦《たたか》い

そのころの光秀《みつひで》
本能寺《ほんのうじ》が火事《かじ》ニャー!!
にげろー!!
メラ
メラ
メラ
ニャー
ニャー
火《ひ》で猫《ねこ》パニック
ニャー
ニャー
ニャー
ニャー
ウキー
秀吉《ひでよし》、光秀《みつひで》を山崎《やまざき》の戦《たたか》いで撃破《げきは》
バーン
フギャー

清洲会議《きよすかいぎ》

1582年《ねん》6月《がつ》 信長《のぶなが》の後継者《こうけいしゃ》を 決《き》める会議《かいぎ》が 清洲城《きよすじょう》で開《ひら》かれた
丹羽長秀《にわながひで》
池田恒興《いけだつねおき》
柴田勝家《しばたかついえ》
信長《のぶなが》の三男《さんなん》を推《お》す 柴田勝家《しばたかついえ》と…
織田信孝《おだのぶたか》
信孝様《のぶたかさま》こそ ふさわしいニャ!
長男《ちょうなん》の息子《むすこ》を推《お》す 秀吉《ひでよし》が真《ま》っ向《こう》から 対立《たいりつ》
三法師《さんぼうし》
三法師様《さんぼうしさま》 こそ ふさわ しい!
誰《だれ》も反対意見《はんたいいけん》が ないようなので 三法師様《さんぼうしさま》に決定《けってい》!
通《つう》じないから やりたい放題《ほうだい》
ニャー
ニャー
ニャー
ニャー

サル知恵《ちえ》2

これにより 秀吉《ひでよし》は幼《おさな》い三法師《さんぼうし》の 後見人《こうけんにん》という 立場《たちば》を利用《りよう》して…
ささ 三法師様《さんぼうしさま》!
サルめの おひざに!
ポンポン
ぬ〜
ミャーオ
ミャーオ
がぶっ
ウキー
ウキー
あー三法師様《さんぼうしさま》に なんてことをー!!
フミャー
バド
バシ
フミャー
天下統一《てんかとういつ》に 突《つ》き進《すす》んで 行《い》くのである

武将《ぶしょう》の生涯《しょうがい》

天下統一《てんかとういつ》を果《は》たした太閤閣下《たいこうかっか》
豊臣秀吉《とよとみひでよし》

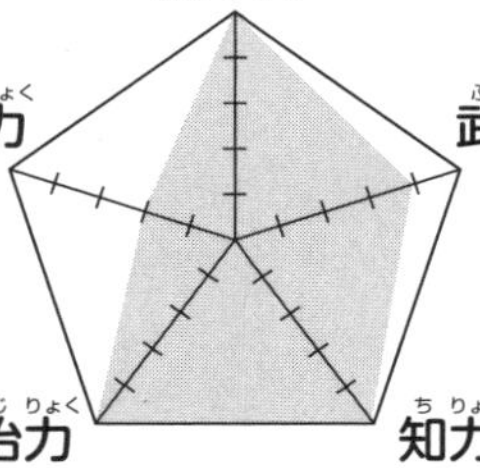

生没年《せいぼつねん》
【1537年《ねん》～1598年《ねん》】
出身地《しゅっしんち》
【尾張国《おわりのくに》（愛知県西部《あいちけんせいぶ》）】
あだ名《な》
【猿《さる》】

貧《まず》しかった子《こ》ども時代《じだい》

若《わか》い頃《ころ》の**豊臣秀吉**《とよとみひでよし》に関《かん》しては、さまざまな伝説《でんせつ》が語《かた》られていますが、実際《じっさい》のところはよくわかっていません。ただし、かなり貧《まず》しい家庭《かてい》に生《う》まれたというのは事実《じじつ》のようです。しかも、実《じつ》のお父《とう》さんは秀吉《ひでよし》が子《こ》どもの頃《ころ》に亡《な》くなり、お母《かあ》さんが再婚《さいこん》した義理《ぎり》の父《ちち》とは仲《なか》が悪《わる》く、10代《だい》で家《いえ》を出《で》て働《はたら》くことになったようです。

それからの秀吉《ひでよし》は、針《はり》を売《う》って歩《ある》いたり、武士《ぶし》の家《いえ》で雑用《ざつよう》をしたりして過《す》ごし、やがて、**織田信長**《おだのぶなが》に仕《つか》える機会《きかい》を得《え》ます。ここで秀吉《ひでよし》はめきめきと力《ちから》を発揮《はっき》します。冬《ふゆ》に信長《のぶなが》の履《は》き物《もの》を懐《ふところ》（胸元《むなもと》）に入《い》れて温《あたた》めてあげた、という伝説《でんせつ》があるくらい真面目《まじめ》に働《はたら》いたようです。

戦《いくさ》でも手柄《てがら》を立《た》てたので、徐々《じょじょ》に部下《ぶか》も増《ふ》え、信長《のぶなが》が天下《てんか》を狙《ねら》う頃《ころ》には、信長《のぶなが》の部下《ぶか》の中《なか》でもかなり偉《えら》いほうになっていました。

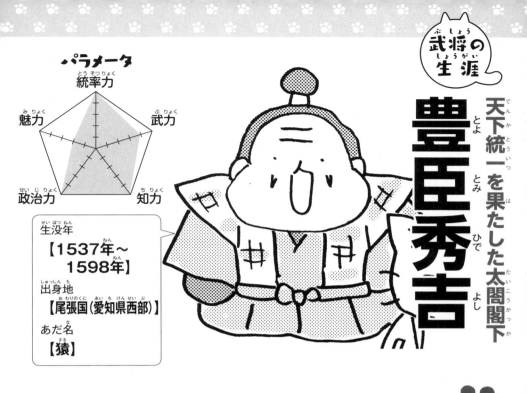

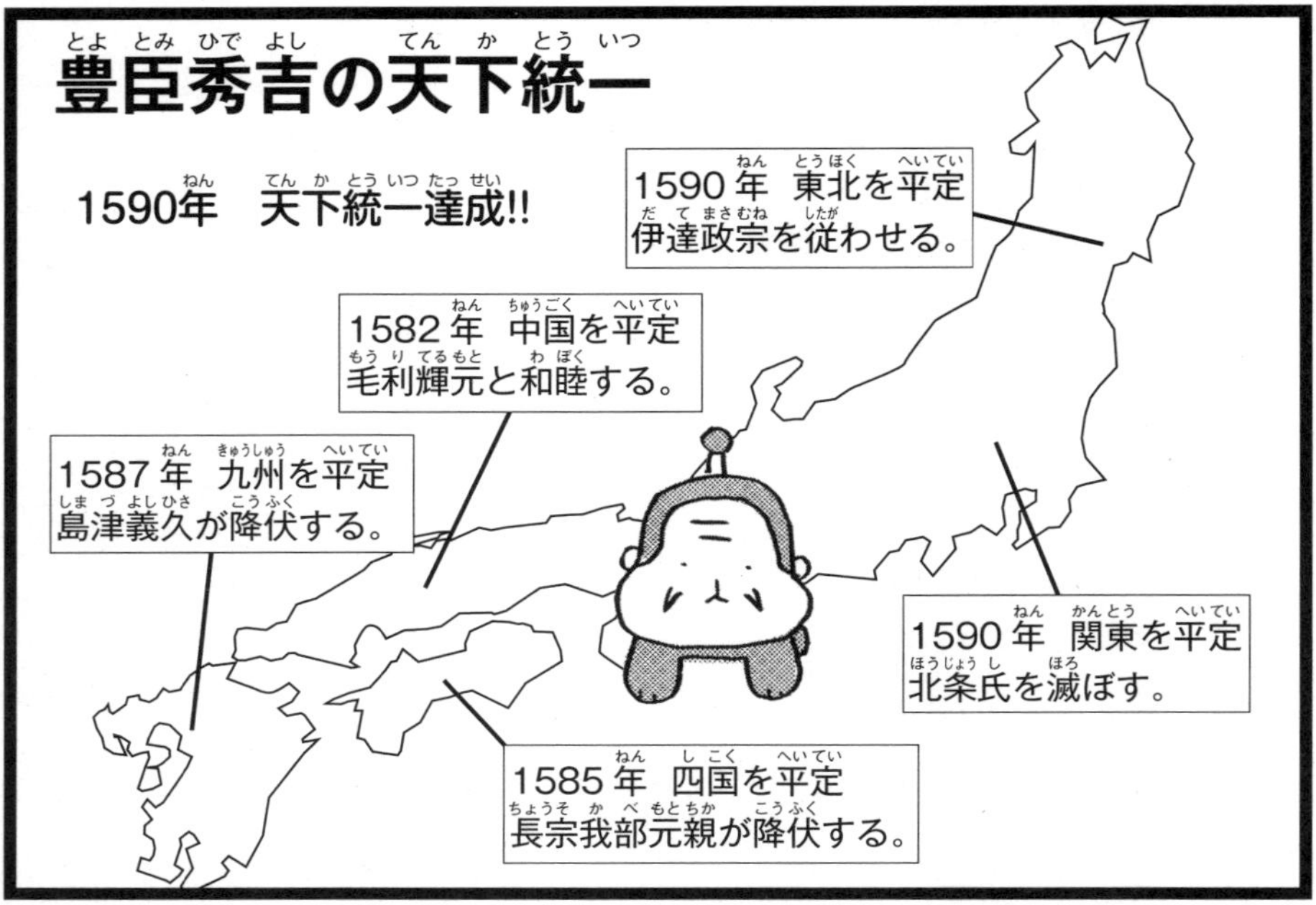
豊臣秀吉《とよとみひでよし》の天下統一《てんかとういつ》
1590年《ねん》　天下統一達成《てんかとういつたっせい》!!
1590年《ねん》　東北《とうほく》を平定《へいてい》
伊達政宗《だてまさむね》を従《したが》わせる。
1582年《ねん》　中国《ちゅうごく》を平定《へいてい》
毛利輝元《もうりてるもと》と和睦《わぼく》する。
1587年《ねん》　九州《きゅうしゅう》を平定《へいてい》
島津義久《しまづよしひさ》が降伏《こうふく》する。
1590年《ねん》　関東《かんとう》を平定《へいてい》
北条氏《ほうじょうし》を滅《ほろ》ぼす。
1585年《ねん》　四国《しこく》を平定《へいてい》
長宗我部元親《ちょうそかべもとちか》が降伏《こうふく》する。

信長《のぶなが》の仇《かたき》をとって天下統一《てんかとういつ》へ

本能寺《ほんのうじ》の変《へん》で主君《しゅくん》・信長《のぶなが》が亡《な》くなった時《とき》、秀《ひで》吉《よし》は、備中国《びっちゅうのくに》（今《いま》の岡山県西部《おかやまけんせいぶ》）で**毛利氏《もうりし》**と戦《たたか》っていました。しかし、信長《のぶなが》の死《し》を知《し》ると、すぐに戦《たたか》いを終《お》わらせ、大急《おおいそ》ぎで京《きょう》へと戻《もど》ります。信長《のぶなが》を討《う》った**明智光秀《あけちみつひで》**を倒《たお》すためです。大勢《おおぜい》の軍隊《ぐんたい》を率《ひき》いた秀吉《ひでよし》は、岡山《おかやま》から京都《きょうと》までわずか7日間《かかん》で到着《とうちゃく》しました。新幹線《しんかんせん》もなく、道《みち》も整備《せいび》されていなかった当時《とうじ》としては、信《しん》じられないような速《はや》さでした。

こうして誰《だれ》よりも早《はや》く信長《のぶなが》の仇《かたき》を討《う》つことに成功《せいこう》した秀吉《ひでよし》は、やがて反対派《はんたいは》も蹴散《けち》らし、信《のぶ》長《なが》の後継者《こうけいしゃ》となりました。その後《ご》、謙信《けんしん》の跡《あと》を継《つ》いだ**上杉景勝《うえすぎかげかつ》**や**徳川家康《とくがわいえやす》**らを家臣《かしん》とし、四国《しこく》の長宗我部氏《ちょうそかべし》、九州《きゅうしゅう》の島津氏《しまづし》、関東《かんとう》の北条氏《ほうじょうし》らも戦《いくさ》でも制圧《せいあつ》した秀吉《ひでよし》は、ついに**天下統一《てんかとういつ》**を実《じつ》現《げん》したのです。

武将《ぶしょう》のお城《しろ》

国《くに》の特《とく》別史跡《べつしせき》

天下統一《てんかとういつ》を成《な》し遂《と》げた「太閤《たいこう》はん」秀吉《ひでよし》の城《しろ》！

大阪城《おおさかじょう》※

※戦国時代《せんごくじだい》は「大坂《おおさか》」と呼《よ》ばれていた

どんなお城《しろ》？

天下人《てんかびと》・豊臣秀吉《とよとみひでよし》がつくった城《しろ》ですが、現在《げんざい》残《のこ》っているものは、すべて江戸時代《えどじだい》以降《いこう》に修復《しゅうふく》されたものです。広々《ひろびろ》としたお堀《ほり》と大《おお》きなスケ

蛸石《たこいし》。石垣《いしがき》にはこのほかにもさまざまな巨石《きょせき》が使《つか》われている

写真提供《しゃしんていきょう》：©大阪城天守閣《おおさかじょうてんしゅかく》（この項《こう》すべて）

・**場所《ばしょ》**　大阪府《おおさかふ》大阪市《おおさかし》　・**築城《ちくじょう》**　1583年《ねん》　・**アクセス**　大阪市営地下鉄《おおさかしえいちかてつ》「谷町《たにまち》4丁目駅《ちょうめえき》」「天満橋駅《てんまばしえき》」「森ノ宮駅《もりのみやえき》」「大阪《おおさか》ビジネスパーク駅《えき》」/JR「大阪城公園駅《おおさかじょうこうえんえき》」「大阪城北詰駅《おおさかじょうきたづめえき》」から徒歩《とほ》15～20分《ぶん》など

ールの石垣《いしがき》が見《み》どころで、**特《とく》に石垣《いしがき》に使《つか》われている「大《おお》手《て》見《み》附《つけ》石《いし》」や「蛸石《たこいし》」などの巨大《きょだい》な石《いし》は大阪城《おおさかじょう》の名物《めいぶつ》です。**現在《げんざい》、城内《じょうない》は博物館《はくぶつかん》や展《てん》望台《ぼうだい》となっており、秀吉《ひでよし》の生涯《しょうがい》や城《しろ》の構造《こうぞう》などを知《し》ることができます。

この城《しろ》でのできごと

安土桃山時代初期《あづちももやまじだいしょき》には、この地《ち》には石山本願《いしやまほんがん》寺《じ》がありました。戦《たたか》いで寺《てら》が焼《や》け落《お》ちたあと、1583年《ねん》に秀吉《ひでよし》によって大坂城《おおさかじょう》が築《きず》かれました。**派手好《はでごの》みの秀吉《ひでよし》らしい、大きな天守《てんしゅ》や金《きん》ぱくなどをたくさん使《つか》った豪華《ごうか》なつくりは、訪《おとず》れた武将《ぶしょう》たちをおどろかせた**と伝《つた》えられています。

その後《ご》、大坂夏《おおさかなつ》の陣《じん》で豊臣家《とよとみけ》が滅亡《めつぼう》するとともに、城《しろ》も焼失《しょうしつ》。江戸幕府《えどばくふ》第《だい》2代将軍《だいしょうぐん》徳川秀《とくがわひで》忠《ただ》による再建《さいけん》や、昭和時代《しょうわじだい》の修復《しゅうふく》によって現在《げんざい》の姿《すがた》になりました。

お堀《ほり》と石垣《いしがき》のスケールは圧倒的《あっとうてき》

ゆかりの人物《じんぶつ》

徳川秀忠《とくがわひでただ》（1579年《ねん》−1632年《ねん》）

徳川幕府第《とくがわばくふだい》2代将軍《だいしょうぐん》。大坂《おおさか》夏《なつ》の陣《じん》のあと、廃墟同然《はいきょどうぜん》となった大坂城《おおさかじょう》を再建《さいけん》。3期《き》にわたる工事《こうじ》により、第《だい》3代将軍家光《だいしょうぐんいえみつ》のときに完成《かんせい》させました。

豆知識《まめちしき》

日本《にほん》の城《しろ》のシンボルである「天守《てんしゅ》」は、織田信長《おだのぶなが》の安土城《あづちじょう》が最初《さいしょ》であるといわれます。その信長《のぶなが》をあがめるとともに、彼《かれ》の後《こう》継者《けいしゃ》であることを世《よ》に知《し》らしめたい秀吉《ひでよし》は、安土城《あづちじょう》をモデルとしつつ、それをこえる城《しろ》をつくろうとしたといわれています。

次男《じなん》

北条早雲《ほうじょうそううん》を初代《しょだい》とする小田原北条氏《おだわらほうじょうし》
Mr.《ミスター》
下剋上《げこくじょう》
初代《しょだい》
早雲《そううん》
二代目《にだいめ》
氏綱《うじつな》
三代目《さんだいめ》
氏康《うじやす》
その3代目《だいめ》・氏康《うじやす》の次男《じなん》として生《う》まれたのが北条氏政《ほうじょううじまさ》
氏政《うじまさ》
オレも立派《りっぱ》な戦国大名《せんごくだいみょう》にニャる!!
だめだめ！家督《かとく》は長男《ちょうなん》の氏親《うじちか》が継《つ》ぐのニャ
氏親《うじちか》
フミャ〜
氏親《うじちか》は甲相駿《こうそうすん》三国同盟《さんごくどうめい》のために武田信玄《たけだしんげん》の長女《ちょうじょ》との結婚《けっこん》も決《き》まっていた
甲斐国《かいのくに》
相模国《さがみのくに》
黄梅院《おうばいいん》
氏親《うじちか》
いいニャ〜

翻弄《ほんろう》！ねこねこ日本史《にほんし》

黄梅院《おうばいいん》
氏政《うじまさ》と結婚《けっこん》した武田信玄《たけだしんげん》の娘《むすめ》

北条氏政《ほうじょううじまさ》
小田原北条氏《おだわらほうじょうし》の4代目当主《だいめとうしゅ》

北条氏直《ほうじょううじなお》
氏政《うじまさ》のヘタレな息子《むすこ》

くり上《あ》がり

甲相駿三国同盟《こうそうすんさんごくどうめい》
武田《たけだ》
北条《ほうじょう》
甲斐国
相模国
駿河国
今川《いまがわ》
三国《さんごく》の嫡子《ちゃくし》と娘同士《むすめどうし》で結婚《けっこん》して同盟《どうめい》を結《むす》ぶことになった
甲《こう》
相《そう》
駿《すん》
義信《よしのぶ》
氏親《うじちか》
氏真《うじざね》
黄梅院《おうばいいん》
蔵春院《ぞうしゅんいん》
嶺松院《れいしょういん》
ところが氏親《うじちか》が結婚《けっこん》の直前《ちょくぜん》に亡《な》くなり…
すー…
にいちゃん…
氏政《うじまさ》がくり上《あ》がりで結婚《けっこん》することになった
おおー!!
よろしくニャー
これはこれでいいニャ!

4代目《だいめ》

そして西暦《せいれき》1559年《ねん》家督《かとく》を継《つ》いで4代目《だいめ》当主《とうしゅ》になった
四代目《よんだいめ》
やったー!
すてき
パチパチパチパチ
じゃーん
北条家《ほうじょうけ》のなわばりをしっかり守《まも》るんだぞ!
うん!
相模国《さがみのくに》
なわばりを守《まも》って立派《りっぱ》な戦国大名《せんごくだいみょう》にオレはニャる!
立派《りっぱ》な戦国大名《せんごくだいみょう》
キャーキャー
ところがそう甘《あま》くはなかった
越後《えちご》の上杉謙信《うえすぎけんしん》がいきなり攻《せ》めてきた
ニャー
ニャー
ニャー
越後
猫《ねこ》は弱《よわ》いとみると入《はい》ってくる
フミャー

油断《ゆだん》もスキも…

シャー
フミャー～
武田信玄《たけだしんげん》
謙信《けんしん》は一旦《いったん》越後《えちご》に帰《かえ》った
ありがとうニャ！
ぐっ
ぐっ
今川《いまがわ》氏真《うじざね》
じーっ
ぬー
まだ油断《ゆだん》できない
ドキドキ
ところが…
今度《こんど》は信玄《しんげん》が今川《いまがわ》を攻撃《こうげき》
何《なに》やってるのニャー!?
ジャー
フミャー

アドバイス

信玄《しんげん》は三国同盟《さんごくどうめい》を破《やぶ》り今川領《いまがわりょう》に侵攻《しんこう》
氏政《うじまさ》ー助《たす》けてくれニャ～
氏政《うじまさ》猫《ねこ》パニック
どうするのニャ？？
のっしっ
ちょっとずつ近《ちか》づいてる
じわー
どうするのニャ？
うじまさー助《たす》けてニャ～
チラッ
こういう時《とき》は…
父《とう》さん！
じわわー…
甲相同盟《こうそうどうめい》をやめて越相同盟《えつそうどうめい》を結《むす》ぶ！
父《ちち》のアドバイス
弟《おとうと》を養子《ようし》に（のちの景虎《かげとら》）
越相同盟《えつそうどうめい》
甲相《こうそう》同盟《どうめい》
そんニャー

復活《ふっかつ》と破棄《はき》

氏政《うじまさ》
父対夫《ちちたいおっと》の戦《たたか》い
争《あらそ》いはイヤ〜!!
VS.
信玄《しんげん》
やるのかこぞう!
フシャー
そんな中《なか》…
氏政《うじまさ》の父《ちち》・氏康《うじやす》と黄梅院《おうばいいん》が亡《な》くなった
すー
すー
そんニャー
それを機《き》に甲相同盟《こうそうどうめい》は復活《ふっかつ》
ケンカはやめるのニャ…
スリン
スリン
越相同盟《えつそうどうめい》破棄《はき》
あーオレも信玄《しんげん》と仲良《なかよ》くしたいのニャ〜
こんニャもの!
越
相同盟
ビリッ
ゴロゴロ
ゴロ

チャンス

だが信玄《しんげん》も西暦《せいれき》1573年《ねん》亡《な》くなった
すー
そんニャ〜
ガクッ
氏政《うじまさ》
弱《よわ》っているところを攻撃《こうげき》
チャンス!
フギャー
のしっ
隣《となり》のなわばりに侵攻《しんこう》
調子《ちょうし》にのるニャー
越後《えちご》
常陸《ひたち》
下総《しもうさ》
相模《さがみ》
佐竹義重《さたけよししげ》
謙信《けんしん》は佐竹《さたけ》らの援軍《えんぐん》に行《い》く前《まえ》に亡《な》くなった
オレが許《ゆる》さん!
ニャー
すー
ニャ?
ニャ?

ちゃっかり

越後《えちご》では謙信《けんしん》の跡目《あとめ》争《あらそ》いが勃発《ぼっぱつ》
景勝《かげかつ》
VS.
景虎《かげとら》(氏政《うじまさ》の弟《おとうと》)
御館《おたて》の乱《らん》
景虎《かげとら》がんばれー
フレー
フレー
勝頼《かつより》も弟《おとうと》を応援《おうえん》してくれニャ!
同盟《どうめい》の武田勝頼《たけだかつより》
はい どうぞ
コクッ
フレー
フレーよ
フミャー
どーん
あーなんてことを!!
それはそれでいっか
氏政《うじまさ》は景虎《かげとら》のなわばりをちゃっかりゲットした
すー
どてん

いろんな攻撃《こうげき》

そこに信長《のぶなが》・家康《いえやす》連合軍《れんごうぐん》が攻《せ》めてきた
ズーン ズーン
勝手《かって》に入《はい》るニャー
あー
そしてあっという間《ま》に武田《たけだ》を圧倒《あっとう》してしまった
だっ
ズボッ
フミャー
つ…強《つよ》い!!
びびった氏政《うじまさ》は信長《のぶなが》に
これでどうニャ!
ニャ?
サッ
プレゼント攻撃《こうげき》
気《き》に入《い》った!
ばさっ
そっち!?
氏政《うじまさ》は信長《のぶなが》の傘下《さんか》に入《はい》った
大成功《だいせいこう》

新《あら》たな敵《てき》

だが信長《のぶなが》も本能寺《ほんのうじ》の変《へん》で亡《な》くなった
すー
ま、それはそれでいっか…
新《あら》たな敵《てき》
徳川家康《とくがわいえやす》
どでん
さっそくなわばりをひろげに…
ニャ!?
むぎゅー
どきニャ!
互角《ごかく》
ぐぐぐ
むぎゅううう…
イヤニャー
やるニャー

傘下《さんか》

仲良《なかよ》くなった
ゴロゴロゴロ♪
ゴロ
ペランペラン♪
ウッキー♡
ビクッ
ビクッ
秀吉《ひでよし》が天下人《てんかびと》になった
ウッキー
天下サル
ガーン
旭姫《あさひひめ》
家康《いえやす》は秀吉《ひでよし》の妹《いもうと》と結婚《けっこん》して傘下《さんか》に入《はい》った
ガガーン

名胡桃城事件《なぐるみじょうじけん》

ところが西暦《せいれき》1589年《ねん》氏政《うじまさ》の家臣《かしん》が上野国《こうずけのくに》の名胡桃城《なぐるみじょう》を奪《うば》う事件《じけん》が発生《はっせい》
猪俣《いのまた》邦憲《くにのり》
みてみてゲットニャー♪
あ
実《じつ》は秀吉《ひでよし》は軍事出兵《ぐんじしゅっぺい》を一切禁止《いっさいきんし》していた
イエーイ イエーイ
ウキャー
やべっ
秀吉《ひでよし》から『謝罪《しゃざい》のために上洛《じょうらく》せよ』との手紙《てがみ》が届《とど》いた
5代目当主《だいめとうしゅ》
氏直《うじなお》
うーむ
うーむ
氏政《うじまさ》たちはこれに従《したが》わなかった
わからん
ニャんでしょうね？
パパ…？

総構《そうがまえ》

サルと結婚《けっこん》はイヤニャー!!
だっ
あ
小田原城総構《おだわらじょうそうがまえ》
鉄壁《てっぺき》の守《まも》り
氏政《うじまさ》は秀吉《ひでよし》との戦《いくさ》の準備《じゅんび》を開始《かいし》
せっせ
フミャ!?
トン トン
ビクッ
勝《か》ち目《め》はないのニャ
サルにペットボトルは効《き》かない
氏政《うじまさ》は降伏《こうふく》を受《う》け入《い》れた
だニャ
ポイ ポイ

小田原合戦《おだわらかっせん》

西暦《せいれき》1590年《ねん》
2月《がつ》、秀吉《ひでよし》の
小田原《おだわら》攻《ぜ》め開始《かいし》
ドドドドド
サル キター!!
ウキーー
秀吉《ひでよし》は大軍勢《だいぐんぜい》(約《やく》20万《まん》)
を動員《どういん》して
攻撃《こうげき》してきた
ドゴン
ドゴン
氏政《うじまさ》たちは
ひたすら守《まも》りを固《かた》めて
籠城戦《ろうじょうせん》を展開《てんかい》
ドゴン
ドゴン
ドゴン
勝《か》ち目《め》ないよー
フミャー
ドゴン
ドゴン

これはこれで

西暦《せいれき》1590年《ねん》
7月《がつ》、約半年間《やくはんとしかん》
耐《た》え抜《ぬ》いた
北条勢《ほうじょうぜい》だが…
ドゴン
ドゴン
ドゴン
ドゴン
氏直《うじなお》が
ついに降伏《こうふく》
した
あ
ドゴン
もう無理《むり》ニャー!!
パパ ごめーん
ドゴン
ドゴン
ドゴン
氏政《うじまさ》は…
ウキ
ごめん ニャさい
氏直《うじなお》のかわりに自害《じがい》し
小田原北条氏《おだわらほうじょうし》は
5代《だい》で滅《ほろ》びた
これは これで 仕方《しかた》 ニャいか
すノ
パパ…

武将《ぶしょう》の生涯《しょうがい》

北《ほう》条《じょう》氏《うじ》政《まさ》

最後《さいご》まで秀吉《ひでよし》と対立《たいりつ》した武将《ぶしょう》

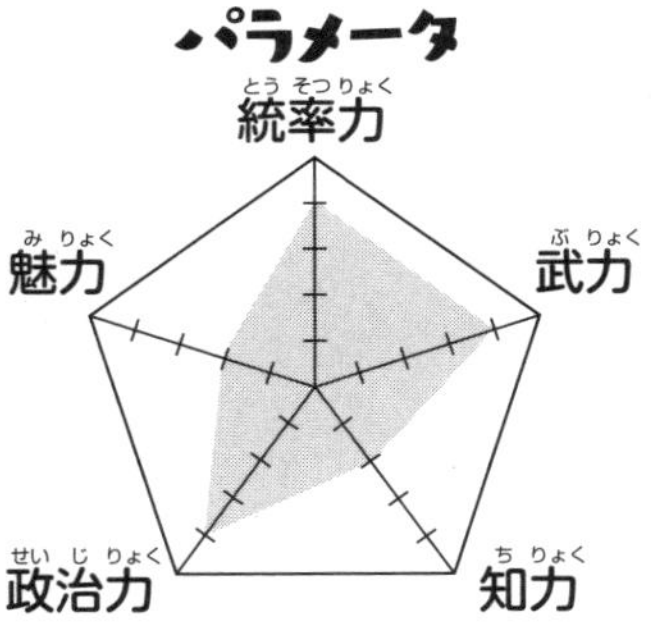

生没年《せいぼつねん》
【1538年《ねん》～1590年《ねん》】
出身地《しゅっしんち》
【相模国《さがみのくに》（神奈川県《かながわけん》）】
呼《よ》び名《な》
【御隠居様《ごいんきょさま》】

4代目《だいめ》の関東《かんとう》の覇者《はしゃ》

北条氏《ほうじょうし》は、小田原《おだわら》（今《いま》の神奈川県小田原市《かながわけんおだわらし》）を拠点《きょてん》とし、関東地方《かんとうちほう》に大《おお》きく勢力《せいりょく》を広《ひろ》げた戦《せん》国《ごく》大名《だいみょう》の一族《いちぞく》です。その北条氏《ほうじょうし》の中《なか》で、「最初《さいしょ》の戦国大名《せんごくだいみょう》」と呼《よ》ばれる初代《しょだい》**早雲《そううん》**から数《かぞ》えて4代目《だいめ》の当主《とうしゅ》に当《あ》たるのが**氏政《うじまさ》**です。

氏政《うじまさ》が生《う》まれた頃《ころ》、2代目当主《だいめとうしゅ》である氏綱《うじつな》（氏政《うじまさ》のおじいさん）は、**関東管領《かんとうかんれい》**という関東《かんとう》を治《おさ》める正式《せいしき》な役職《やくしょく》に就《つ》いていたといわれていますから、もうその頃《ころ》には、北条氏《ほうじょうし》は立派《りっぱ》な戦《せん》国大名《ごくだいみょう》に成長《せいちょう》していたわけです。

とはいえ、まだ北条氏《ほうじょうし》に従《したが》わない武将《ぶしょう》たちは関東《かんとう》に大勢《おおぜい》いましたし、北《きた》には上杉氏《うえすぎし》、西《にし》には武田氏《たけだし》や今川氏《いまがわし》といった、とっても戦《いくさ》の強《つよ》い戦《せん》国大名《ごくだいみょう》がいました。居城《きょじょう》・小田原城《おだわらじょう》は上杉氏《うえすぎし》や武田氏《たけだし》に包囲《ほうい》されたこともあります。とても安《あん》心《しん》できる状態《じょうたい》ではなかったのです。

北条氏《ほうじょうし》と他《ほか》の武将《ぶしょう》との深《ふか》い関係《かんけい》

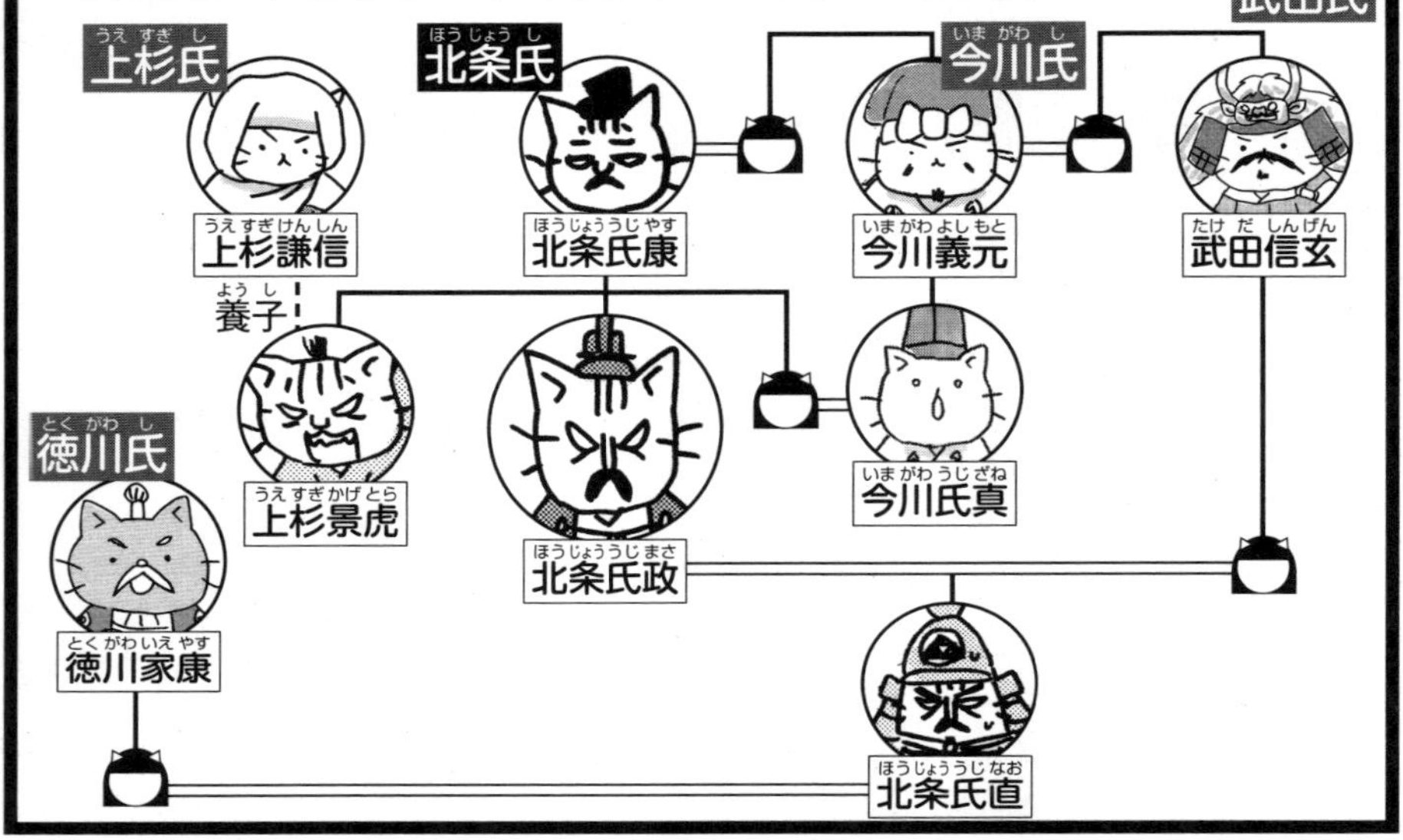

複雑《ふくざつ》に絡《から》んだ同盟関係《どうめいかんけい》

そこで北条氏《ほうじょうし》は、近隣《きんりん》の大名《だいみょう》と戦《たたか》うだけでなく、時《とき》には同盟《どうめい》を結《むす》んで領地《りょうち》を安全《あんぜん》に守《まも》ろうとしました。上《うえ》の図《ず》にあるように、子《こ》ども同士《どうし》を結婚《けっこん》させることで武田氏《たけだし》や今川氏《いまがわし》らとの同盟《どうめい》を強化《きょうか》したのです。そのため、氏政《うじまさ》のお母《かあ》さんは今川氏《いまがわし》の娘《むすめ》でしたし、氏政《うじまさ》の妻《つま》には武田氏《たけだし》の娘《むすめ》がなりました。また、息子《むすこ》の**氏直《うじなお》**は**徳川家康《とくがわいえやす》**の娘《むすめ》を嫁《よめ》にもらっています。

こうして氏政《うじまさ》らは関東第一《かんとうだいいち》の戦国大名《せんごくだいみょう》としての基盤《きばん》を築《きず》きました。**信長《のぶなが》**が勢力《せいりょく》を広《ひろ》げた時代《じだい》に今川氏《いまがわし》や武田氏《たけだし》は滅亡《めつぼう》しましたが、北条氏《ほうじょうし》は力強《ちからづよ》く生《い》き抜《ぬ》いたのです。

しかし、**豊臣秀吉《とよとみひでよし》**が力《ちから》を付《つ》け、天下統一《てんかとういつ》を進《すす》めた時《とき》、それに反発《はんぱつ》してしまったのが運《うん》の尽《つ》きでした。氏政《うじまさ》は切腹《せっぷく》となり、氏直《うじなお》は命《いのち》を救《すく》われたものの、翌年《よくねん》、病死《びょうし》してしまいました。

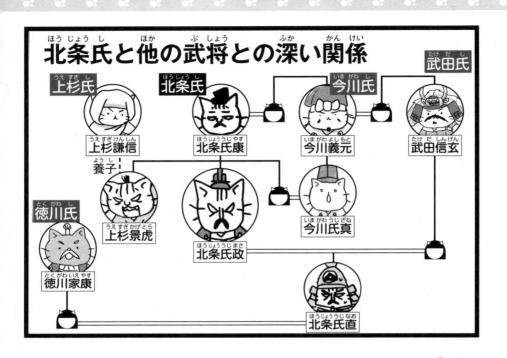

二《に》の丸《まる》の正門《せいもん》である銅門《あかがねもん》

二《に》の丸正面《まるしょうめん》から馬屋《うまや》に通《つう》じている馬出門《うまだしもん》

写真提供《しゃしんていきょう》：小田原市《おだわらし》

城下町《じょうかまち》をぐるりと囲《かこ》む9kmの「総構《そうがまえ》」は戦国時代最大《せんごくじだいさいだい》！

小《お》田《だ》原《わら》城《じょう》

どんなお城《しろ》?

室町《むろまち》時代《じだい》に戦国大名《せんごくだいみょう》の北条氏《ほうじょうし》が整備《せいび》した巨大《きょだい》な城《しろ》で、**「総構《そうがまえ》」と呼《よ》ばれる土塁《どるい》や堀《ほり》の囲《かこ》みは9kmにおよびます。**豊臣秀吉《とよとみひでよし》に攻《せ》められ北条氏《ほうじょうし》が滅《ほろ》ぼされたあと、規模《きぼ》は小《ちい》さくなりましたが、**江戸《えど》を守《まも》る重要《じゅうよう》な城《しろ》の1《ひと》つとされ、徳川氏《とくがわし》の重臣《じゅうしん》である大名《だいみょう》たちが代々《だいだい》の城主《じょうしゅ》となりました。**城《しろ》の建物《たてもの》のほとんどは1872年《ねん》までに解体《かいたい》され、現在《げんざい》の天守《てんしゅ》

- **場所《ばしょ》**　神奈川県小田原市《かながわけんおだわらし》
- **築城《ちくじょう》**　1400年代中《ねんだいなか》ごろ
- **アクセス**　JR・小田急線《おだきゅうせん》ほか「小田原駅《おだわらえき》」下車《げしゃ》　徒歩《とほ》10分《ぷん》

は記録《きろく》にもとづいて1960年《ねん》に復元《ふくげん》されました。小峰城《こみねじょう》、小早川城《こばやかわじょう》とも呼《よ》ばれています。

この城《しろ》でのできごと

1561年《ねん》、上杉謙信《うえすぎけんしん》が11万《まん》3000人《にん》の大軍《たいぐん》で小田原城《おだわらじょう》を取《と》り囲《かこ》みましたが、北条氏《ほうじょうし》は粘《ねば》り強《づよ》く城《しろ》を守《まも》り、謙信《けんしん》はあきらめて去《さ》っていきました。また、1569年《ねん》には武田信玄《たけだしんげん》が2万《まん》の軍勢《ぐんぜい》で小田原城《おだわらじょう》を取《と》り囲《かこ》みましたが、やはり城《しろ》を落《お》とすことができませんでした。**この経験《けいけん》から、北条氏《ほうじょうし》は巨大《きょだい》なこの城《しろ》にたてこもって戦《たたか》えば、豊臣秀吉《とよとみひでよし》の大軍《たいぐん》にも勝《か》てると考《かんが》えたようです。**ところが、秀吉《ひでよし》の軍事力《ぐんじりょく》、経済力《けいざいりょく》は北条氏《ほうじょうし》の想像《そうぞう》を上回《うわまわ》っており、最後《さいご》は秀吉《ひでよし》によって滅《ほろ》ぼされました。

ゆかりの人物《じんぶつ》

北条早雲《ほうじょうそううん》（1432年《ねん》または1456年《ねん》～1519年《ねん》）

戦国大名《せんごくだいみょう》のさきがけとなった武将《ぶしょう》。生《う》まれや出身地《しゅっしんち》ははっきりとわかっておらず、室町幕府《むろまちばくふ》の将軍《しょうぐん》に仕《つか》えていた説《せつ》が有力《ゆうりょく》となっています。1495年《ねん》に相模国《さがみのくに》（今《いま》の神奈川県《かながわけん》）に進出《しんしゅつ》し、小田原城《おだわらじょう》を拠点《きょてん》にその後《ご》、5代100年《ねん》にわたる北条氏《ほうじょうし》の繁栄《はんえい》のもとを築《きず》きました。

豆知識《まめちしき》

北条氏《ほうじょうし》は月《つき》に2度《ど》開《ひら》かれる会議《かいぎ》で重要《じゅうよう》なことを決《き》めていました。1590年《ねん》、豊臣《とよとみ》秀吉《ひでよし》に攻《せ》められたときもこの会議《かいぎ》が開《ひら》かれました。最初《さいしょ》の会議《かいぎ》のときは「城《しろ》にこもって戦《たたか》うか、外《そと》に出《で》て戦《たたか》うか」でもめました。戦《たたか》いの最後《さいご》のほうでは「徹底的《てっていてき》に戦《たたか》うか、秀吉《ひでよし》と和解《わかい》するか」でもめて、なかなか結論《けつろん》が出《で》ませんでした。このことから、今《いま》でも「いつまでたっても何《なに》も決《き》まらない会議《かいぎ》や相談《そうだん》」のことを「小田原評定《おだわらひょうじょう》」と呼《よ》んでいます。

生《い》き残《のこ》れ！ねこねこ日本史《にほんし》

眼帯《がんたい》

東北統一《とうほくとういつ》
『東北《とうほく》の暴《あば》れん坊《ぼう》』伊達政宗《だてまさむね》
5歳《さい》のときに病気《びょうき》で片目《かため》を失《うしな》い…
はずしっ
人々《ひとびと》は彼《かれ》を『独眼龍政宗《どくがんりゅうまさむね》』と呼《よ》んだ
つけっ
今日《きょう》はこれにする
片倉小十郎《かたくらこじゅうろう》
御意《ぎょい》

義姫《よしひめ》
政宗《まさむね》の母《はは》
政宗《まさむね》を毒殺《どくさつ》しようとする

片倉小十郎《かたくらこじゅうろう》
冷静沈着《れいせいちんちゃく》な
政宗《まさむね》の側近《そっきん》

伊達政宗《だてまさむね》
やりたい放題《ほうだい》だが、
なぜか人気者《にんきもの》の戦国武将《せんごくぶしょう》

摺上原《すりあげはら》の戦《たたか》い

西暦《せいれき》1589年《ねん》
摺上原《すりあげはら》
蘆名氏《あしなし》・佐竹氏《さたけし》
連合軍《れんごうぐん》
伊達軍《だてぐん》なんかひとひねりにしてくれるわい!!
蘆名義広《あしなよしひろ》
じゃーん
愛猫権現
ピカーーン
ニャ!?
ビククッ
伊達《だて》ペットボトル軍団《ぐんだん》
大成功《だいせいこう》ニャ!
政宗《まさむね》は戦国《せんごく》きっての知恵者《ちえしゃ》
ニャー
ニャー
ニャー
こわいよー

一大勢力《いちだいせいりょく》

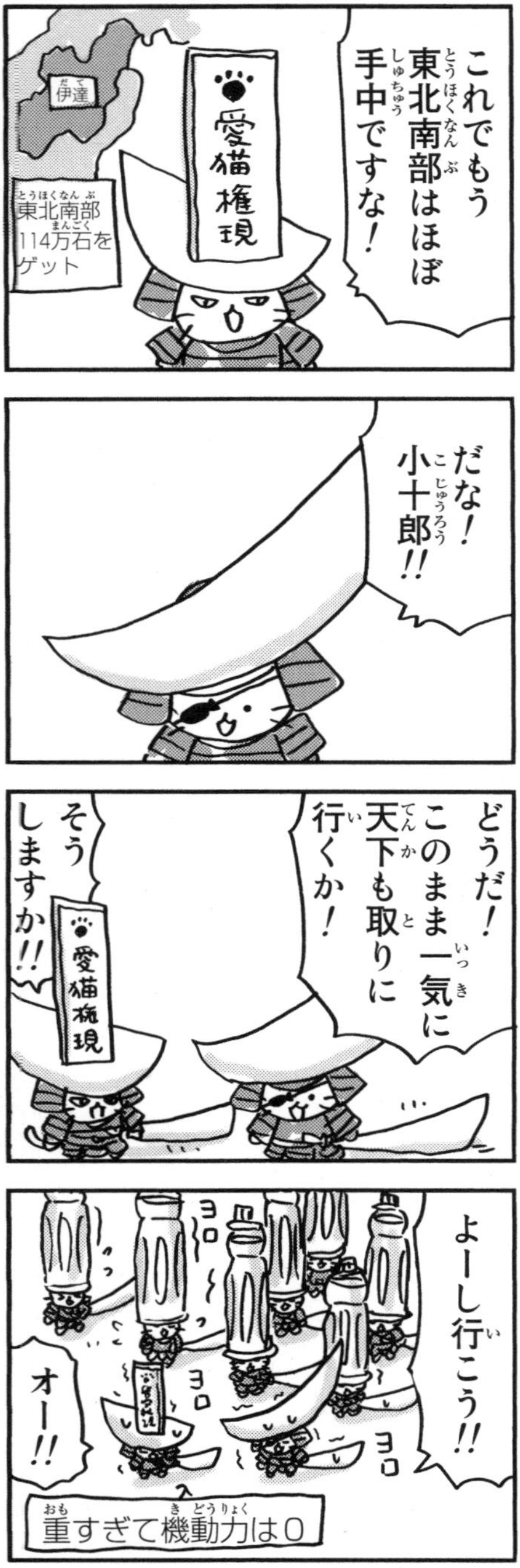

これでもう東北南部《とうほくなんぶ》はほぼ手中《しゅちゅう》ですな!
伊達《だて》
東北南部《とうほくなんぶ》114万石《まんごく》をゲット
愛猫権現
だな!小十郎《こじゅうろう》!!
どうだ!このまま一気《いっき》に天下《てんか》も取《と》りに行《い》くか!
そうしますか!!
愛猫権現
よーし行《い》こう!!
オー!!
ヨロ
ヨロ
ヨロ
重《おも》すぎて機動力《きどうりょく》は0

秀吉《ひでよし》の怒《いか》り

そのころ、豊臣秀吉《とよとみひでよし》は天下統一《てんかとういつ》を目前《もくぜん》にしていた
小田原《おだわら》
関白《かんぱく》・秀吉《ひでよし》(サル)
おのれ政宗《まさむね》!! ワシの配下《はいか》の蘆名氏《あしなし》を滅《ほろ》ぼすとは許《ゆる》せん!!
ワシの小田原攻《おだわらぜ》めに参加《さんか》するように呼《よ》びつけろ!!
さもなくば殺《ころ》すとな!!
ウキー
ウキー
ウキー
サル語《ご》なのでサッパリわからない

書状《しょじょう》

バシ
バシ
バシ
ウキー
なんか政宗《まさむね》に対《たい》して怒《おこ》っているご様子《ようす》ですな……
おそらく…
バシ
バシ
ウキー
ウキキー
とりあえず政宗《まさむね》に小田原《おだわら》に来《く》るように書状《しょじょう》を書《か》くか…
ですな…
だん
だん
文面《ぶんめん》はこれでよろしいでしょうか?
ウキャー
ウキャー
ねこ語《ご》なのでサッパリわからない

難問《なんもん》

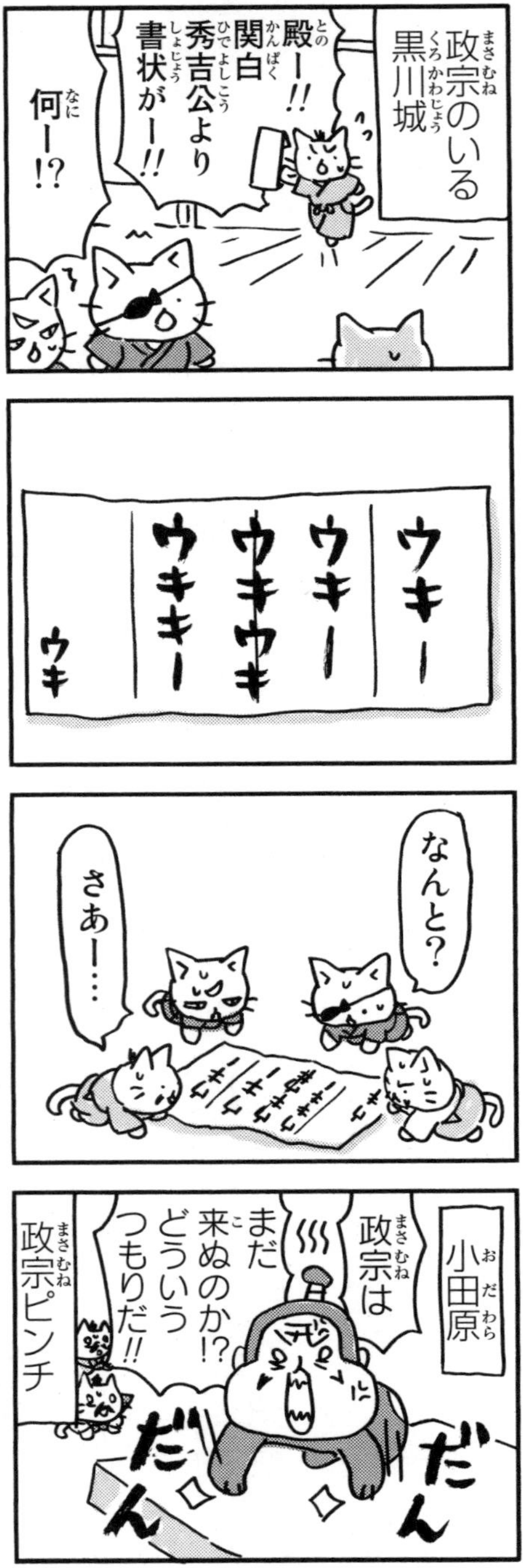
政宗《まさむね》のいる黒川城《くろかわじょう》
殿《との》ー!! 関白《かんぱく》秀吉公《ひでよしこう》より書状《しょじょう》がー!!
何《なに》ー!?
ウキー
ウキー
ウキウキ
ウキキー
ウキ
なんと?
さあー…
小田原《おだわら》
政宗《まさむね》はまだ来《こ》ぬのか!? どういうつもりだ!!
だん
だん
政宗《まさむね》ピンチ

伊達《だて》っぽさ

この書状《しょじょう》の意味《いみ》はわかりませんが関白殿下《かんぱくでんか》の本心《ほんしん》を忍者《にんじゃ》に探《さぐ》らせましょう!
忍者《にんじゃ》?
伊達家忍者軍団《だてけにんじゃぐんだん》
黒脛巾組《くろはばきぐみ》
ジャーーン
おおー!!
では探《さぐ》ってまいります!
待《ま》て!
黒《くろ》バナナ組《ぐみ》
ぐら～ぐら
よし
どういう作戦《さくせん》!?

備《そな》え

万《まん》が一《いち》見《み》つかっても…
ガタン
くせ者《もの》!!
バナナ!!
しかも食《た》べ頃《ごろ》サイン!!
ウキッ♡
さすが殿《との》!!
よし行《い》け!!
ええ——!?

黒《くろ》バナナ組《ぐみ》の最期《さいご》

ウキー
ウキー
黒《くろ》バナナ組《ぐみ》小田原《おだわら》にたどりつけず

謀略《ぼうりゃく》

なかなか登城《とじょう》しない
政宗《まさむね》のせいで
伊達家全体《だてけぜんたい》が窮地《きゅうち》に
立《た》たされていた…
山形城《やまがたじょう》
このままでは
伊達家《だてけ》は滅《ほろ》ぶ!!
政宗《まさむね》のおじ
最上義光《もがみよしあき》
かくなる上《うえ》は
政宗《まさむね》を呼《よ》びつけて
この毒《どく》ミルクで殺《ころ》し…
政宗《まさむね》の母《はは》
義姫《よしひめ》
ヒソ ヒソ
弟《おとうと》の小次郎《こじろう》に家督《かとく》を
継《つ》がせるのニャ!
なんの
相談《そうだん》ニャ?
おじ上《うえ》
母上《ははうえ》…
ピチャ ピチャ ピチャ
弟《おとうと》
ノー!!!
バタリ
政宗《まさむね》の弟《おとうと》
死《し》す

帰還《きかん》

黒《くろ》バナナ組《ぐみ》が
戻《もど》りましたー!!
ニャ!!
だっ
バタッ
フギャー
フギャー

正体《しょうたい》

ところが…
みなさーん!!
ニャ!?
なんとサル語《ご》とねこ語《ご》の2つの言葉《ことば》のわかる通訳《つうやく》ザルだったのだ
フムフム…
これはマジやばいねー
ええー!?

やばい

伊達政宗殿《だてまさむねどの》…
ゴクリ
関白殿下《かんぱくでんか》の小田原城《おだわらじょう》攻《ぜ》めに大至急《だいしきゅう》参加《さんか》せよ!
さもなくば一族《いちぞく》すべて滅《ほろ》ぼす!
関白秀吉《かんぱくひでよし》
コクッ
本当《ほんとう》にそんな内容《ないよう》が書《か》いてあるのか!?
これで!?
ウキー ウキー ウキウキ ウキキー ウキ
追申《ついしん》…お土産《みやげ》は萩《はぎ》の月《つき》と…
どうしよー!!
もうおしまいだー!!

助《たす》かる方法《ほうほう》

どういたしますか
殿《との》ー!!
こういう時《とき》は…
あた
ふた
一《ひと》つだけ助《たす》かる方法《ほうほう》があるぞ!
小十郎《こじゅうろう》!
それは一体《いったい》!?
バナナ作戦《さくせん》
バナナ
それしかないのかー!!

大《おお》ばくち

小田原《おだわら》
政宗《まさむね》が現《あらわ》れましたー!!
ムキーー!!
どのつらさゲて…
死装束姿《しにしょうぞくすがた》
ドン
何《なに》!?
政宗《まさむね》一世一代《いっせいいちだい》の大《おお》ばくち…「オレは始《はじ》めから死《し》ぬつもりで来《き》た」これにはさすがの秀吉《ひでよし》も驚《おどろ》いた…
——からの〜食《た》べ頃《ごろ》バナナ…
バシッ
ゆるしてチョー
猫《ねこ》の浅《あさ》知《ぢ》恵《え》

伊達政宗《だてまさむね》

「独眼龍《どくがんりゅう》」と呼《よ》ばれた戦国大名《せんごくだいみょう》

パラメータ

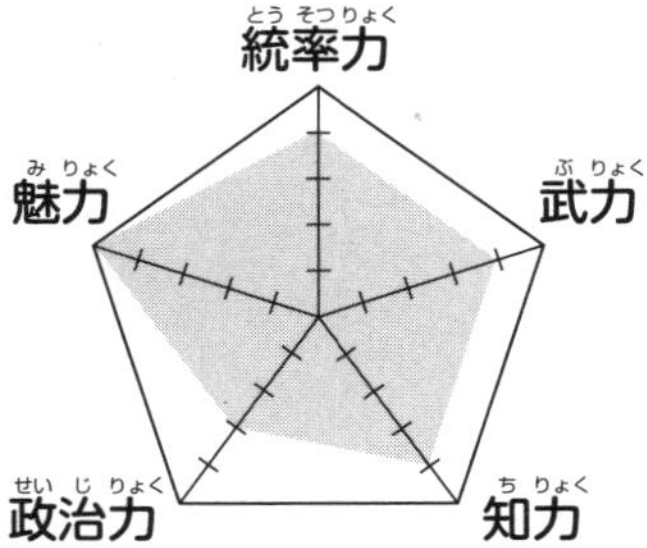

生没年《せいぼつねん》
【1567年《ねん》～1636年《ねん》】

出身地《しゅっしんち》
【出羽国《でわのくに》(秋田県《あきたけん》・山形県《やまがたけん》)】

あだ名《な》
【独眼龍《どくがんりゅう》】

東北《とうほく》で活躍《かつやく》した若《わか》き武将《ぶしょう》

伊達政宗《だてまさむね》は、今《いま》の山形県米沢市《やまがたけんよねざわし》にあった米沢《よねざわ》城《じょう》の城主《じょうしゅ》・**伊達輝宗《だててるむね》**の長男《ちょうなん》として生《う》まれました。お父《とう》さんの跡《あと》を継《つ》いで伊達氏《だてし》の当主《とうしゅ》となったのは17歳《さい》の時《とき》。それから、いくつもの戦《たたか》いに勝利《しょうり》して領土《りょうど》を拡大《かくだい》し、南東北《みなみとうほく》のほとんどを制覇《せいは》します。戦上手《いくさじょうず》だったのですね。

しかしその頃《ころ》、**豊臣秀吉《とよとみひでよし》**が、関東《かんとう》より西《にし》の地《ち》域《いき》をすべて治《おさ》め、天下統一《てんかとういつ》を目前《もくぜん》にしていました。当時《とうじ》、まだ20代前半《だいぜんはん》だった政宗《まさむね》は、生《う》まれてくるのが遅《おそ》すぎたのかもしれませんね。

やがて秀吉《ひでよし》は関東《かんとう》に出兵《しゅっぺい》し、政宗《まさむね》にも戦《たたか》いに参加《さんか》するよう要求《ようきゅう》。政宗《まさむね》はそれに応《こた》え、天下《てんか》人《びと》・秀吉《ひでよし》に仕《つか》えることを決《き》めたのです。

以後《いご》、政宗《まさむね》は東北《とうほく》の大大名《だいだいみょう》として江戸時代《えどじだい》まで生《い》き抜《ぬ》き、**徳川家康《とくがわいえやす》**、秀忠《ひでただ》、家光《いえみつ》という江戸《えど》幕府《ばくふ》3代《だい》の将軍《しょうぐん》にも仕《つか》えるようになります。

『伊達者《だてもの》』の由来《ゆらい》

人目《ひとめ》に付《つ》くお洒落《しゃれ》な人《ひと》のことを「伊達者《だてもの》」といいます。この言葉《ことば》の由来《ゆらい》は、「伊達政宗《だてまさむね》」から来《き》ているともいいます。派手《はで》な格好《かっこう》をして、人《ひと》をよく驚《おどろ》かせていたのですね。

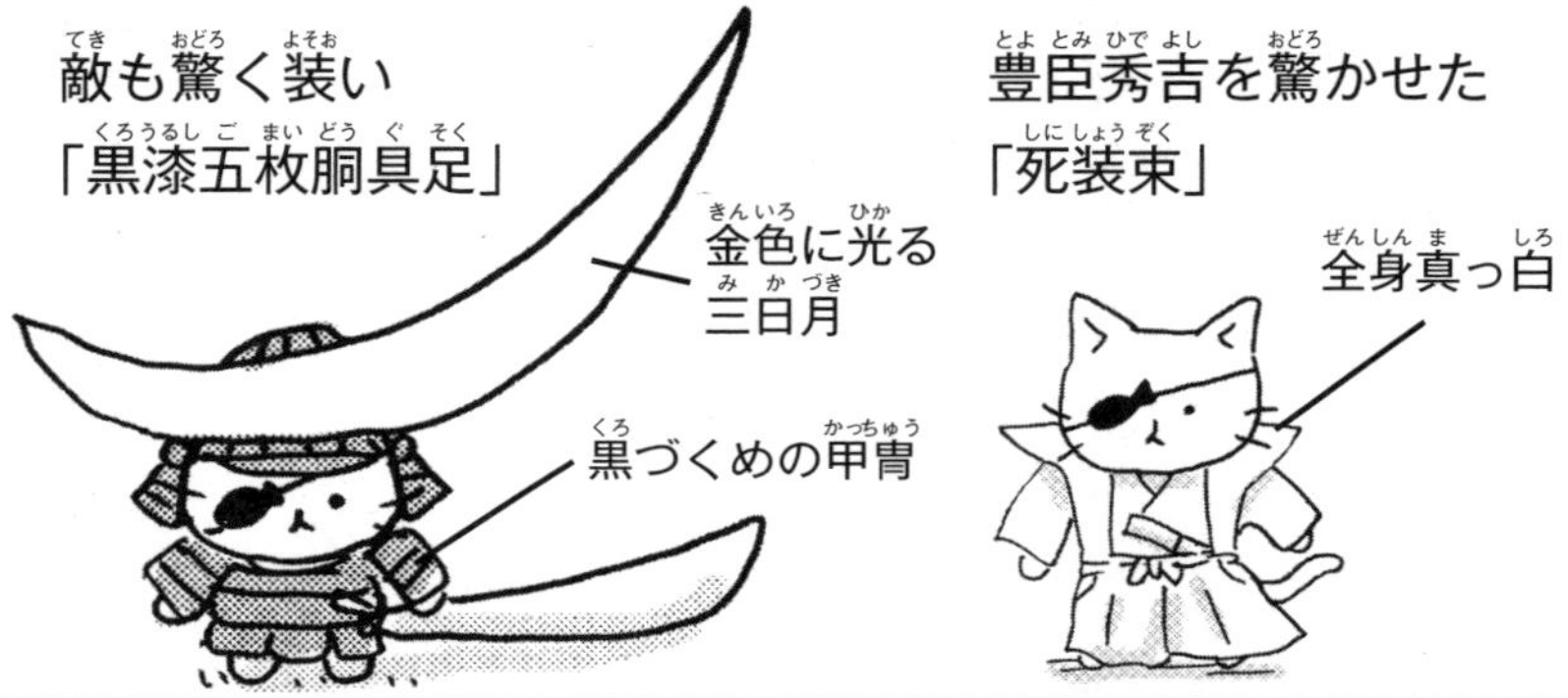
敵《てき》も驚《おどろ》く装《よそお》い
「黒漆五枚胴具足《くろうるしごまいどうぐそく》」
金色《きんいろ》に光《ひか》る
三日月《みかづき》
黒《くろ》づくめの甲冑《かっちゅう》
豊臣秀吉《とよとみひでよし》を驚《おどろ》かせた
「死装束《しにしょうぞく》」
全身真《ぜんしんま》っ白《しろ》

戦《いくさ》だけではない政宗《まさむね》の特技《とくぎ》

東北一《とうほくいち》の戦上手《いくさじょうず》でもあった政宗《まさむね》ですが、彼《かれ》が得意《とくい》だったのは、戦《いくさ》だけではありません。派手《はで》なパフォーマンスもその1つ《ひと》。「無実《むじつ》を信《しん》じていただけないのなら死《し》をも辞《じ》さない」という覚悟《かくご》を示《しめ》すため、切腹《せっぷく》の時《とき》などに身《み》につける真《ま》っ白《しろ》な衣装《いしょう》（**死装束《しにしょうぞく》**）を着《き》てみせたり、別《べつ》の時《とき》には黄金《おうごん》の十字架《じゅうじか》を担《かつ》いで秀吉《ひでよし》の前《まえ》に姿《すがた》を現《あら》わしたりしたという逸話《いつわ》も伝《つた》わっています。

こんな派手《はで》で、ちょっとおしゃれなパフォーマンスを考《かんが》え出《だ》すことができたのは、政宗《まさむね》が戦国武将《せんごくぶしょう》の中《なか》でも特別《とくべつ》センスがよかったからかもしれませんね。

実際《じっさい》に政宗《まさむね》は、西洋風《せいようふう》の陣羽織《じんばおり》を身《み》につけたり、ヨーロッパ製《せい》の金《きん》のブローチを持《も》ち歩《ある》いたりしていたそうで、とてもファッションにこだわりのある人《ひと》だったようです。

再建《さいけん》された大手脇《おおてわき》やぐら

奥州《おうしゅう》の覇者《はしゃ》、伊達政宗《だてまさむね》が建《た》てた城《しろ》
通称《つうしょう》「青葉城《あおばじょう》」
仙《せん》台《だい》城《じょう》

・場所《ばしょ》　宮城県仙台市《みやぎけんせんだいし》　・築城《ちくじょう》　1601年《ねん》　・アクセス　JR「仙台駅《せんだいえき》」から循環《じゅんかん》バスるーぷる仙台《せんだい》「仙台城跡《せんだいじょうあと》」下車《げしゃ》

どんなお城《しろ》?

仙台市《せんだいし》の市街地《しがいち》に位置《いち》する城《しろ》で、代々《だいだい》の伊達《だて》氏《し》が住《す》んでいた城《しろ》です。**東《ひがし》に広瀬川《ひろせがわ》、西《にし》に御裏《おうら》林《ばやし》と呼《よ》ばれる山林《さんりん》、南《みなみ》には竜ノ口渓《たつのくちけい》谷《こく》と呼《よ》ばれる深《ふか》い谷《たに》という地形《ちけい》を利《り》用《よう》した、守《まも》りの固《かた》い山城《やまじろ》でした。**地《じ》震《しん》などの災害《さいがい》や戦火《せんか》によって大半《たいはん》が焼《や》けてしまい、現在《げんざい》は石垣《いしがき》と再建《さいけん》されたやぐらが残《のこ》るのみですが、城跡《じょうせき》の高台《たかだい》に建《た》つ伊達政宗《だてまさむね》の騎馬像《きばぞう》は仙《せん》台《だい》のシンボルとして親《した》しまれています。近年《きんねん》は、復元工事《ふくげんこうじ》や発掘調査《はっくつちょうさ》が進《すす》み、歴史的価値《れきしてきかち》が認《みと》められて国《くに》の重要文化財《じゅうようぶんかざい》となりました。

この城《しろ》でのできごと

関ヶ原《せきがはら》の戦《たたか》い直後《ちょくご》に、初代仙台藩主《しょだいせんだいはんしゅ》の伊達政宗《だてまさむね》によって築城《ちくじょう》されました。**政宗《まさむね》は戦国時代《せんごくじだい》に東北南部《とうほくなんぶ》と関東北部《かんとうほくぶ》を支配《しはい》した「奥州《おうしゅう》の覇者《はしゃ》」であり、200万石《まんごく》もの領地《りょうち》を持《も》つ大大名《だいだいみょう》です。**秀吉《ひでよし》の命《めい》にそむいた戦《たたか》いをしかけて領地《りょうち》を減《へ》らされたり、関ヶ原《せきがはら》の戦《たたか》いでは東軍《とうぐん》（徳川方《とくがわがた》）についたのに、家康《いえやす》の言《い》うことを聞《き》かずに自分勝手《じぶんかって》な動《うご》きをしたため、ごほうびがもらえなかったり、豪快《ごうかい》なエピソードの多《おお》い武将《ぶしょう》です。**スペインの探検家《たんけんか》ビスカイノは、この仙台城《せんだいじょう》で政宗《まさむね》と対面《たいめん》し、仙台城《せんだいじょう》について「日《に》本《ほん》の中《なか》で最《もっと》も優《すぐ》れ、最《もっと》も堅固《けんご》なものの1《ひと》つ」と語《かた》ったと**いわれます。

城跡《じょうせき》の高台《たかだい》に建《た》つ伊達政宗騎馬像《だてまさむねきばぞう》

ゆかりの人物《じんぶつ》

片倉小十郎《かたくらこじゅうろう》（景綱《かげつな》）
(1557年《ねん》－1615年《ねん》)
伊達政宗《だてまさむね》の重臣《じゅうしん》として活躍《かつやく》した武将《ぶしょう》。知力《ちりょく》にすぐれた軍師《ぐんし》として、戦《たたか》いではさまざまな作戦《さくせん》を練《ね》り、政宗《まさむね》を支《ささ》えました。

豆知識《まめちしき》

仙台城《せんだいじょう》には天守《てんしゅ》がもともとつくられませんでしたが、それは徳川家康《とくがわいえやす》の目《め》を気《き》にして、派手《はで》なことを控《ひか》えたからだともいわれています。

かぶき者《もの》

戦国時代《せんごくじだい》
尾張国《おわりのくに》
荒子城主《あらこじょうしゅ》前田利昌《まえだとしまさ》の四男《なん》犬千代《いぬちよ》
じゃーん
のちの前田利家《まえだとしいえ》
ワンワンワン
フミャー
フミャー
ニャハハハハ
フミャー
フミャー
彼《かれ》は奇抜《きばつ》な格好《かっこう》と言動《げんどう》を好《この》む「かぶき者《もの》」だった

仲良《なかよ》し♡ ねこねこ日本《に》本《ほん》史《し》

まつ
しっかり者《もの》の利家《としいえ》の妻《つま》

前田利家《まえだとしいえ》
加賀百万石《かがひゃくまんごく》の礎《いしずえ》を築《きず》いた武将《ぶしょう》

家臣団《かしんだん》

気《き》に入《い》ったのニャ!
ニャっ?
じゃーん
"うつけ者《もの》"織田信長《おだのぶなが》
信長様《のぶながさま》!!
お前《まえ》をワシの家来《けらい》にしてやるのニャ!
ほ…本当《ほんとう》ですか!?
犬千代《いぬちよ》は信長《のぶなが》の家来《けらい》になった
ニャハハハ
ワン ワン
ウキー
まるで桃太郎《ももたろう》だニャ…
柴田勝家《しばたかついえ》

仲良《なかよ》し

サルは犬《いぬ》が大嫌《だいきら》い 犬猿《けんえん》の仲《なか》
しかし…
ウキー
バシ バシ
な…なんだよ!!
あー
あ
ウキ!?
ポロッ
ポロッ
ポトーン
ポン ポン
2人《ふたり》は仲良《なかよ》くなった
つぼった
ウキャ キャ
ウキャ
ならばもう一丁《ちょう》!
ぎゅっ
パンパン
ポイーン
ニャハハ
お調子者

利家《としいえ》とねね

犬千代《いぬちよ》は元服《げんぷく》ののち名《な》を又左衛門利家《またざえもんとしいえ》に改《あらた》めた
犬《いぬ》はもうやめニャ！
「槍《やり》の又左《またざ》」だニャ
じゃーーん
ウキーウキー
ねね
ウキャ？
あ、ねね殿《どの》！
ぐいぐい
ぎゅっ
利家《としいえ》はねねとも仲良《なかよ》くなった
パチパチパチ
ポトーン
ウキャ
パン
パン
キャキャキャキャ
キャ
ハハ

利家《としいえ》とまつ

だっ
あ!?
ポン
ポン
荒子城《あらこじょう》に預《あず》かりの身《み》のまつ
ちゃい
ちゃり
ちゃい
……
ゴロゴロゴロ
かわいいニャ〜
ちゃい
ちゃり
ちゃり
ちゃい
2人《ふたり》は結婚《けっこん》した
ぎゅっ

追放《ついほう》

そんなある日《ひ》…
あれ!?
鼻《はな》がないのニャ!?
利家《としいえ》コーナー さわるな!
信長《のぶなが》お気《き》に入《い》りの茶坊主《ちゃぼうず》 拾阿弥《じゅうあみ》
あー返《かえ》すのニャー!!
ちゃいちゃい
カチン
はむっ
ゴクリ
コラー犬《いぬ》め!!
なんてことを!!
がぶっ
ギャー
利家《としいえ》は信長《のぶなが》の怒《いか》りをかい追放《ついほう》されてしまった

算術《さんじゅつ》

利家邸《としいえてい》
しゅん…
せっかくだから何《なに》か新《あたら》しいことにチャレンジしたら?
ニャ!?
じゃらっ
そろばん
利家《としいえ》は算術《さんじゅつ》を勉強《べんきょう》することにした
あなたがんばって!
たのしいのニャー
じゃらじゃら
じゃら
そろばんで遊《あそ》ばニャーい!!
バーン
ニャハハハ
ウキー
しゅー
あそびにきた

参戦《さんせん》

そんな中《なか》
西暦《せいれき》1560年《ねん》
桶狭間《おけはざま》の戦《たたか》いが
始《はじ》まった
ウキー
うわー
なんかサル
きたー
そーっ
ニャーニャー
ウキー
槍《やり》の又左《またざ》
参上《さんじょう》ニャー
たたたっ
利家《としいえ》は無断《むだん》で
参戦《さんせん》して活躍《かつやく》し
信長《のぶなが》に許《ゆる》して
もらおうと
思《おも》った
フルフル
フル
ニャー♪
ニャー♪
お前《まえ》は
呼《よ》んでないの
ニャー!!
だめだった
くるっだっ
フー
あー

見慣《みな》れない物《もの》

翌年《よくとし》、森部《もりべ》の戦《たたか》い
勃発《ぼっぱつ》
斎藤龍興《さいとうたつおき》
軍《ぐん》
vs.
織田《おだ》
信長軍《のぶながぐん》
ニャー
ニャー
ニャー
ニャー
ニャー
龍興軍武将《たつおきぐんぶしょう》
巨猫《きょねこ》の足立六兵衛《あだちろくべえ》
フギャー!
フニャー
じゃーーん
VS.
再《ふたた》び
無断参戦《むだんさんせん》
の利家《としいえ》
フミャ!?
利家《としいえ》は信長《のぶなが》に許《ゆる》され
再《ふたた》び家臣《かしん》になった
猫《ねこ》は見慣《みな》れない
物《もの》が怖《こわ》い
フニャー
それいい
ニャー♡
殿《との》…

豪姫《ごうひめ》

利家《としいえ》は秀吉《ひでよし》の隣《となり》に住《す》んでいた
秀吉《ひでよし》の母
よろしくニャー
ニャー
ウキー
利家《としいえ》とまつの間《あいだ》にはたくさんの子供《こども》が生《う》まれた
ミー
ミー
ミー
しかし秀吉《ひでよし》とねねの間《あいだ》には子供《こども》ができなかった
……
ミー
ミー
ミー
しゅん…
利家《としいえ》とまつは四女《じょ》の豪姫《ごうひめ》を2人《ふたり》に養女《ようじょ》としてあずけた
ウッキー
どうぞ

大名利家《だいみょうとしいえ》

西暦《せいれき》1581年《ねん》利家《としいえ》は柴田勝家《しばたかついえ》に従《したが》って…
ズンズン
ズン
能登攻《のとぜ》めを行《おこな》った
能登国《のとのくに》
ニャー
ニャー
見慣《みな》れない物効果《ものこうか》で能登国《のとのくに》を制圧《せいあつ》した
ズン
ズン
ズン
フミャー
フミャー
フミャー
その功績《こうせき》が信長《のぶなが》に認《みと》められ、利家《としいえ》は能登国《のとのくに》をもらった
23万石《まんごく》の大名《だいみょう》＆七尾城主《ななおじょうしゅ》
あなたやったわね!!
おう
七尾城《ななおじょう》

選択《せんたく》

しかし西暦《せいれき》1582年《ねん》
信長《のぶなが》が急死《きゅうし》し…
おのれ光秀《みつひで》めー
むねんです…
メラ
メラ
翌《よく》1583年《ねん》
賤ケ岳《しずがたけ》の戦《たたか》いが勃発《ぼっぱつ》
ウキー
フー
バシ
バシ
大変《たいへん》だー どうしよう!!
どっちとも戦《たたか》いたくないのニャ〜
ウキー
ガブッ
利家《としいえ》は勝家《かついえ》陣営《じんえい》に入《はい》った
ニャ〜ン
ヒラ ヒラ
ウキー
フー

ピンチ

ウッキー!!
(利家《としいえ》はそっちかー!!)
おおー利家《としいえ》はこっちか!
ビクッ
ニャ!?
戦《たたか》わずに逃《に》げた
だっ
えっ!?
利家《としいえ》が逃《に》げたのニャー
ウキー
(利家めー)
これがきっかけで勝家軍《かついえぐん》は敗《やぶ》れた…
あ、まて!!
もうダメニャー
ニャー
まつどうしよ〜 オレのせいで勝家殿《かついえどの》が負《ま》けたー
………
しかも秀吉《ひでよし》は激怒《げきど》してるのニャー
利家《としいえ》最大《さいだい》のピンチ到来《とうらい》

機転《きてん》

ごめんニャさい
まつごめんねこ
ウッキー
(まつがあやまっても許《ゆる》さーん!)
ゆるしてあ〜げなさい
ウキッ!?
バキ
ボキ
ウキッ
ゆるす
ありがとうございますニャ
利家《としいえ》はまつのおかげで最大《さいだい》のピンチを切《き》り抜《ぬ》けたのだった

加賀百万石《かがひゃくまんごく》

その後《ご》利家《としいえ》とまつは力《ちから》を合《あ》わせて…
末森城《すえもりじょう》の戦《たたか》い
佐々成政《さっさなりまさ》
助《たす》けてニャー
オラ
オラ
オラ
奥村永福《おくむらながとみ》
家臣《かしん》がピンチよ!助《たす》けに行《い》くのニャ!
はいこれ!
おう!
じゃらっ
とのー
バリ
ガ
フニャー
加賀百万石《かがひゃくまんごく》の礎《いしずえ》を築《きず》いたのだった
あなたやったわね
おう

武将《ぶしょう》の生涯《しょうがい》

前田《まえだ》利家《としいえ》とまつ

信長《のぶなが》や秀吉《ひでよし》を支《ささ》えた夫婦《ふうふ》

パラメータ（利家《としいえ》）

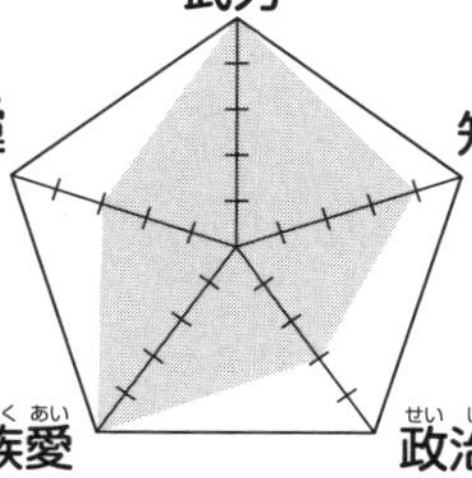

生没年《せいぼつねん》　※利家《としいえ》・まつの順《じゅん》

【1538～1599年《ねん》・1547～1617年《ねん》】

出身地《しゅっしんち》

【尾張国《おわりのくに》（愛知県西部《あいちけんせいぶ》）】

身分《みぶん》

【大名《だいみょう》とその妻《つま》】

ちょっとやんちゃな槍《やり》の名手《めいしゅ》

前田利家《まえだとしいえ》は、13歳《さい》の時《とき》から**織田信長《おだのぶなが》**に仕《つか》えていた武将《ぶしょう》です。槍《やり》の名手《めいしゅ》といわれていますが、少々気《しょうしょうき》の荒《あら》いところもありました。合戦《かっせん》で顔《かお》に矢《や》が刺《さ》さったまま敵《てき》の武将《ぶしょう》を槍《やり》で倒《たお》した、という話《はなし》も伝《つた》わっています。

そんな気《き》の荒《あら》いところのある利家《としいえ》を、陰《かげ》で支《ささ》えたのが奥《おく》さんの**まつ**です。従兄弟同士《いとこどうし》でもあった2人《ふたり》は、まつが11歳《さい》の時《とき》に結婚《けっこん》します。以来《いらい》、仲良《なかよ》しの2人《ふたり》の間《あいだ》には、11人《にん》も子《こ》どもが生《う》まれました。昔《むかし》は今《いま》よりも、たくさんの子《こ》どもを産《う》む人《ひと》が多《おお》かったのですが、それでも11人《にん》というのはとても多《おお》い数《かず》です。

利家《としいえ》とまつは、織田家臣《おだかしん》の中《なか》でも、**豊臣秀吉《とよとみひでよし》・ねね**夫妻《ふさい》と特《とく》に仲《なか》が良《よ》かったようです。子《こ》どもがいなかった秀吉《ひでよし》たちに、自分《じぶん》の娘《むすめ》の1人《ひとり》を養女《ようじょ》として預《あず》けたほどでした。

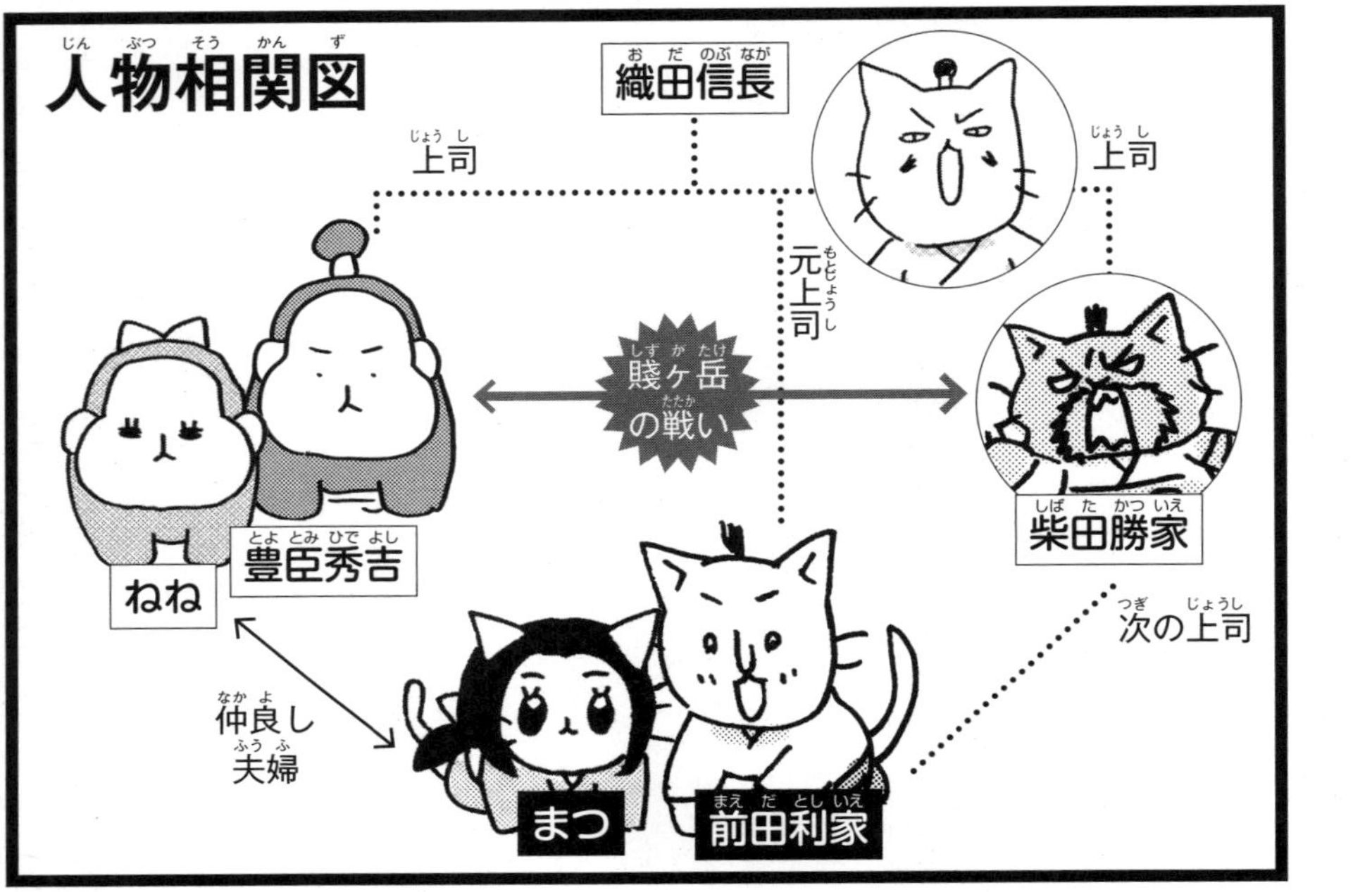

上司《じょうし》か？ 友《とも》だちか？

1582年《ねん》、**本能寺《ほんのうじ》の変《へん》**で**信長《のぶなが》**が命《いのち》を落《お》とすと、その跡《あと》をどちらが継《つ》ぐかで、織田氏《おだし》の有力《ゆうりょく》武将《ぶしょう》であった**柴田勝家《しばたかついえ》**と秀吉《ひでよし》との間《あいだ》に争《あらそ》いが起《お》きます。その時《とき》、利家《としいえ》は勝家《かついえ》の下《した》で働《はたら》いている部下《ぶか》の1人《ひとり》でした。

やがて両者《りょうしゃ》の間《あいだ》で**賤ヶ岳《しずがたけ》の戦《たたか》い**が起《お》こると、利家《としいえ》は大《おお》いに迷《まよ》います。「上司《じょうし》・勝家《かついえ》を守《まも》るべきか、それとも、友人《ゆうじん》である秀吉《ひでよし》の味方《みかた》をするべきだろうか？」

結果《けっか》、利家《としいえ》は、秀吉《ひでよし》との戦《たたか》いを避《さ》け、戦場《せんじょう》から姿《すがた》を消《け》しました。これにより秀吉《ひでよし》の勝利《しょうり》が確《かく》定的《ていてき》となったのです。再《ふたた》び利家《としいえ》とまつ、秀吉《ひでよし》とねねは仲良《なかよ》しに戻《もど》りました。

それ以降《いこう》、利家《としいえ》らは秀吉《ひでよし》の天下《てんか》とりを助《たす》けて、死《し》ぬまで豊臣氏《とよとみし》を守《まも》り続《つづ》け、加賀国《かがのくに》（今《いま》の石川《いしかわ》県南部《けんなんぶ》）の領地《りょうち》を発展《はってん》させました。

写真提供《しゃしんていきょう》：石川県観光連盟《いしかわけんかんこうれんめい》

改修《かいしゅう》・復元工事《ふくげんこうじ》が続《つづ》けられ、大城郭《だいじょうかく》がよみがえる城《しろ》

金沢城《かなざわじょう》

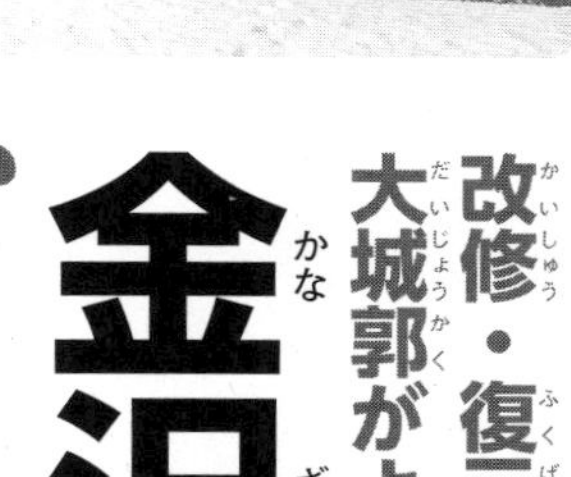

どんなお城《しろ》？

1580年《ねん》、佐久間盛政《さくまもりまさ》という武将《ぶしょう》が城《しろ》を築《きず》いたのが始《はじ》まりとされます。**1583年《ねん》に城主《じょうしゅ》となった前田利家《まえだとしいえ》が金沢城《かなざわじょう》と名《な》を改《あらた》め、大改修《だいかいしゅう》をしました。**

当初《とうしょ》つくられた本丸天守《ほんまるてんしゅ》は1602年《ねん》に落雷《らくらい》で焼《や》けてしまいました。現在《げんざい》は、なまりを使《つか》った屋根《やね》がめずらしい「**石川門**《いしかわもん》」、武器《ぶき》などの倉庫《そうこ》の「**三十間長屋**《さんじっけんながや》」などが残《のこ》っており、周《まわ》りがよく見《み》えるように工夫《くふう》された「**菱**《ひし》**やぐら**」、倉庫《そうこ》と城《しろ》を守《まも》る壁《かべ》の両《りょう》

・場所《ばしょ》　石川県金沢市《いしかわけんかなざわし》　・築城《ちくじょう》　1580年《ねん》　・アクセス　JR「金沢駅《かなざわえき》」からバス「兼六園下《けんろくえんした》」下車《げしゃ》　徒歩《とほ》5分《ふん》

方《ほう》の役割《やくわり》の「**五十間長屋**《ごじっけんながや》」などが復元《ふくげん》されました。となりにある兼六園《けんろくえん》は、水戸《みと》の偕楽園《かいらくえん》、岡《おか》山《やま》の後楽園《こうらくえん》とともに日本三大庭園《にほんさんだいていえん》に数《かぞ》えられています。

この城《しろ》でのできごと

1488年《ねん》〜1580年《ねん》にかけて、この地域《ちいき》では浄土真宗《じょうどしんしゅう》を信《しん》じる人々《ひとびと》による大《おお》きな反乱《はんらん》がありました。その反乱《はんらん》の中心《ちゅうしん》となった寺院《じいん》（御《お》山《やま》御坊《ごぼう》）のあとに建《た》てられたのが、この金沢城《かなざわじょう》です。前田利家《まえだとしいえ》は政治《せいじ》だけでなく、文化《ぶんか》の発展《はってん》にも力《ちから》をつくしました。また、妻《つま》のまつは自分《じぶん》から進《すす》んで徳川家《とくがわけ》の人質《ひとじち》となり、家康《いえやす》につぶされそうになった前田家《まえだけ》のピンチをすくいました。**前田家《まえだけ》がつくりあげたこの藩《はん》は、「加賀百万石《かがひゃくまんごく》」として江戸時代最大《えどじだいさいだい》の藩《はん》となりました。**

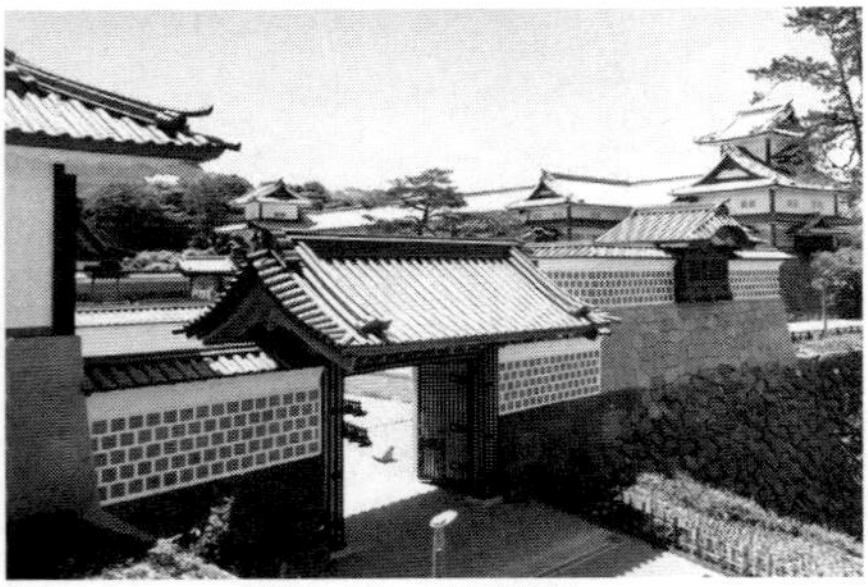
上《うえ》：いもり堀《ぼり》／下《した》：河北門《かわきたもん》

豆知識《まめちしき》

江戸時代《えどじだい》になってから、豊臣家《とよとみけ》と関係《かんけい》の深《ふか》かった大名《だいみょう》たちが次々《つぎつぎ》と幕府《ばくふ》によってつぶされる中《なか》で、前田家《まえだけ》は江戸時代《えどじだい》が終《お》わるまで残《のこ》ることができました。それは徳川家《とくがわけ》との関係《かんけい》を深《ふか》めたためだったといわれています。前田利家《まえだとしいえ》以降《いこう》14人《にん》の藩主《はんしゅ》がいましたが、そのうちの7人《にん》の妻《つま》が徳川家出身《とくがわけしゅっしん》でした。また、前田家《まえだけ》が学問《がくもん》・芸術《げいじゅつ》を重視《じゅうし》し、政治《せいじ》と距離《きょり》を置《お》いたことも幕府《ばくふ》から目《め》を付《つ》けられないためであったと考《かんが》えられます。

似《に》たタイプ

愛《あい》
バーン
樋口兼続《ひぐちかねつぐ》
（幼名《ようみょう》・与六《よろく》）
その旗《はた》はどういう意味《いみ》じゃ？
上杉謙信《うえすぎけんしん》
毘《び》
お屋形様《やかたさま》！
愛《あい》
戦《たたか》いの神《かみ》「愛染明王《あいぜんみょうおう》」の「愛《あい》」です！
ゴゴ
ゴ
ワシの「毘沙門天《びしゃもんてん》」と同《おな》じか！
愛《あい》
どっちもかわいいニャー
ワハハハハ
毘《び》
愛《あい》

貫《つらぬ》け！

ねこねこ日本《にほん》史《し》

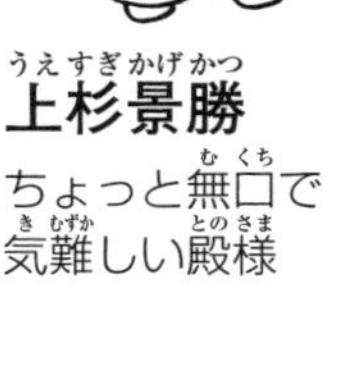
上

上杉景勝《うえすぎかげかつ》

ちょっと無口《むくち》で
気難《きむずか》しい殿様《とのさま》

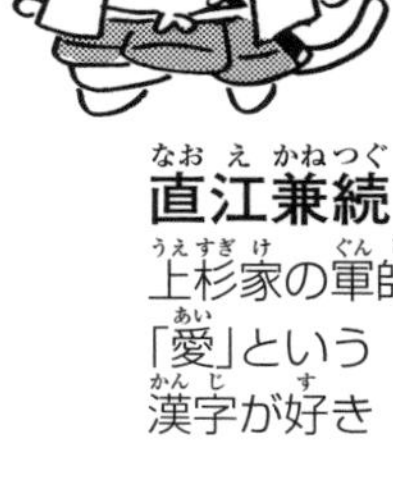
愛

直江兼続《なおえかねつぐ》

上杉家《うえすぎけ》の軍師《ぐんし》
「愛《あい》」という
漢字《かんじ》が好《す》き

景勝《かげかつ》

よし気《き》に入《い》った！
お前《まえ》は景勝《かげかつ》の近習《きんじゅ》に命《めい》ず！※
ははっ！
愛《あい》
景勝《かげかつ》（謙信《けんしん》の甥《おい》）
よろしくお願《ねが》いします！
愛《あい》
チラ
ガーン
愛《あい》
気難《きむずか》しい子《こ》
プイ

※主君《しゅくん》のそば近《ちか》くに仕《つか》える者《もの》

愛《あい》の力《ちから》

ほどなくして西暦《せいれき》1578年《ねん》
謙信《けんしん》が突然《とつぜん》亡《な》くなった
おやかたさまー
ちょっとなかよくなれた
すると…
オレが上杉家《うえすぎけ》の跡取《あとと》りニャ！
跡目争《あとめあらそ》いが始《はじ》まった！
上杉景虎《うえすぎかげとら》
ピラ
愛《あい》
ピラ
兼続《かねつぐ》の機転《きてん》で景虎《かげとら》を城外《じょうがい》に追《お》い払《はら》った
ポイッ
さらに気《き》に入《い》られた
ニャ〜ン♪

はさみ撃《う》ち

景虎《かげとら》は御館《おたて》（関東管領館《かんとうかんれいかん》）にこもり逆襲《ぎゃくしゅう》を開始《かいし》した
兄《にい》さん助《たす》けてー
フミャオー フミャオー
御館《おたて》の乱《らん》勃発《ぼっぱつ》
ひろい
にいさーん
のそっ
景虎《かげとら》の兄《あに》北条氏政《ほうじょううじまさ》
さらに北条《ほうじょう》と同盟《どうめい》の武田勝頼《たけだかつより》も出陣《しゅつじん》し景勝《かげかつ》たちははさみ撃《う》ちになった
武田勝頼《たけだかつより》
じーっ
「前門《ぜんもん》の虎《とら》※後門《こうもん》の狼《おおかみ》」だね
あー景勝様《かげかつさま》がしゃべったー!!
ボソッ
しかもウマい!
おぉー
ほんとだー

寝返《ねがえ》り

まさに前門《ぜんもん》の虎《とら》!
フーッ
後門《こうもん》の狼《おおかみ》!
ですね!
いー
いー
!
ピラ
ピラ
愛《あい》
愛《あい》か!
気《き》に入《い》った
がしっ
えっ!?
そんなー
武田軍《たけだぐん》は景勝側《かげかつがわ》に寝返《ねがえ》った

※前門《ぜんもん》の虎《とら》を防《ふせ》いだと思《おも》ったら後門《こうもん》から狼《おおかみ》が侵入《しんにゅう》してくること

狼《おおかみ》パワー

愛《あい》だぞー!!
たたた
うわー!!
クルッ
ビクッ
愛《あい》だぞー!!
景勝軍《かげかつぐん》の勝利《しょうり》
フミャ
たたたた

甲州征伐《こうしゅうせいばつ》

しかし、この乱《らん》により地域全体《ちいきぜんたい》の力《ちから》のバランスが大《おお》きくくずれた…
戦《たたか》いは愛《あい》だー
行《い》っちゃった…
北条《ほうじょう》と手《て》を切《き》った武田《たけだ》を倒《たお》すチャンスだな!
ゴゴゴ
徳川家康《とくがわいえやす》
おねがいします
ですね
あいだー
あいだー
信忠《のぶただ》
織田《おだ》信長《のぶなが》
愛《あい》してるぞー!!
おう!愛《あい》か!
織田《おだ》・北条《ほうじょう》・徳川《とくがわ》連合《れんごう》による甲州征伐開始《こうしゅうせいばつかいし》
武田家《たけだけ》滅亡《めつぼう》
ズボッ
フミャ
大成功《だいせいこう》
あー…

愛《あい》の武将《ぶしょう》

その頃《ころ》、上杉家《うえすぎけ》では筆頭家老《ひっとうかろう》の直江家《なおえけ》の跡継《あとつ》ぎ問題《もんだい》がおこっていた…
このままでは名門《めいもん》直江家《なおえけ》がなくなってしまうのニャー
どうするのニャー
愛《あい》！
えっ!?
おおー!!「愛《あい》」の武将《ぶしょう》、兼続《かねつぐ》に継《つ》いでもらうのですか!!
ニャるほど
愛《ラブ》♡
がしっ
愛《あい》
亡《な》くなった直江家《なおえけ》当主《とうしゅ》の奥《おく》さん・お船《せん》
この「愛《あい》」はちがう「愛《あい》」ニャ!
兼続《かねつぐ》は直江家《なおえけ》の当主《とうしゅ》になった
ワハハハ

不動心《ふどうしん》

武田家《たけだけ》が滅《ほろ》びその領地《りょうち》に信長軍《のぶながぐん》が入《はい》ってきた…
わーい　わーい
滝川《たきがわ》一益《かずます》
森長可《もりながよし》
わーい
このままだとこっちの領地《りょうち》にも攻《せ》めて来《き》ますよ!
どうしますか?
わいわいわいわい
す
っ…
見《み》つからないようにじっとすることにした
えぇーバレますよ絶対《ぜったい》!!
ニャー
ニャー
ニャー

越後《えちご》攻《ぜ》め

ブーン
トン
愛《あい》
ニャ!
ほらー!!
ギクッ
すぐ見《み》つかった
いいもん みっけ!
がしっ♪
それはダメ!!
信長軍《のぶながぐん》の越後《えちご》攻《ぜ》めに
ひたすら耐《た》える上杉軍《うえすぎぐん》
ぐぐっ
だめー
ちょーだい

ラッキー

すると…
ニャに!?
?
ヒソ ヒソ
だっ
信長《のぶなが》が本能寺《ほんのうじ》で討《う》たれたという知《し》らせが入《はい》ったので信長軍《のぶながぐん》は撤収《てっしゅう》した
おのれ光秀《みつひで》～
ラッキーで助《たす》かった

書状《しょじょう》

すぐに信長《のぶなが》の後継《こうけい》をめぐり秀吉《ひでよし》と柴田勝家《しばたかついえ》が対立《たいりつ》した
秀吉《ひでよし》
柴田勝家《しばたかついえ》
ウキー
そして双方《そうほう》から味方《みかた》につくようにとの書状《しょじょう》が届《とど》いた
上杉殿《うえすぎどの》へ どうか勝家《かついえ》の味方《みかた》になってくれ!
ウキー ウキ ウキキキ ウッキ キー
サル語《ご》か～…
愛
なんて書《か》いてるんだ!?
さぁー わかりません
ポイッ
わいわい

特《とく》に

秀吉《ひでよし》の傘下《さんか》に入《はい》った
秀吉《ひでよし》
石田三成《いしだみつなり》
愛《あい》
ドキ ドキ
ウキ♡
殿下《でんか》は直江殿《なおえどの》がとても気《き》に入《い》ったそうです
ど…どうも
特《とく》にその「愛《あい》」の旗《はた》がオシャレで気《き》に入《い》ったそうです!
ウキー ウキキー
愛《あい》
フミャ
くれたらっ 直江殿《なおえどの》に米沢《よねざわ》30万石《まんごく》 上杉殿《うえすぎどの》に会津《あいづ》120万石《まんごく》あげるそうですよー!!
これはダメニャー!!
ウキ ウキー
ぐぐっ

要所送《ようしょおく》り

取《と》られた…
ウキー
ウキー
ポン
ポン
グズ…
そして景勝《かげかつ》と兼続《かねつぐ》はとても広《ひろ》い会津《あいづ》へ引《ひ》っ越《こ》した
会津《あいづ》120万石《まんごく》
まいっか…
ところがそこには…
徳川家康《とくがわいえやす》と伊達政宗《だてまさむね》がいた
でん
徳川家康《とくがわいえやす》
どん
伊達政宗《だてまさむね》
うわーここめんどくさい所《ところ》だ〜!!

直江状《なおえじょう》

西暦《せいれき》1600年《ねん》上杉景勝《うえすぎかげかつ》は謀反《むほん》の疑《うたが》いで家康《いえやす》に呼《よ》び出《だ》しをくらった
行《い》きたくないから手紙《てがみ》を書《か》くニャ
ワケは16コあります…
くどくど
その頃《ころ》すでに秀吉《ひでよし》は亡《な》くなり家康《いえやす》は大坂城《おおさかじょう》に住《す》んでいた
直江殿《なおえどの》からです
ほう
以下《いか》の理由《りゆう》で行きません
一、ニャー
二、ニャニャー
三、ニャー
四、ニャ〜
五、ニャニャニャー〜
六、ニャーニャ
あいつらなめとんのかー!!
フギャー
ビリビリ
ビリ
家康《いえやす》を激怒《げきど》させたこの「直江状《なおえじょう》」のせいでねこねこ日本《にほん》は関《せき》ヶ原《がはら》の戦《たたか》いに突入《とつにゅう》するのだった

武将《ぶしょう》の生涯《しょうがい》

秀吉《ひでよし》にも好《す》かれた「愛《あい》」の武将《ぶしょう》
直《なお》江《え》兼《かね》続《つぐ》

パラメータ

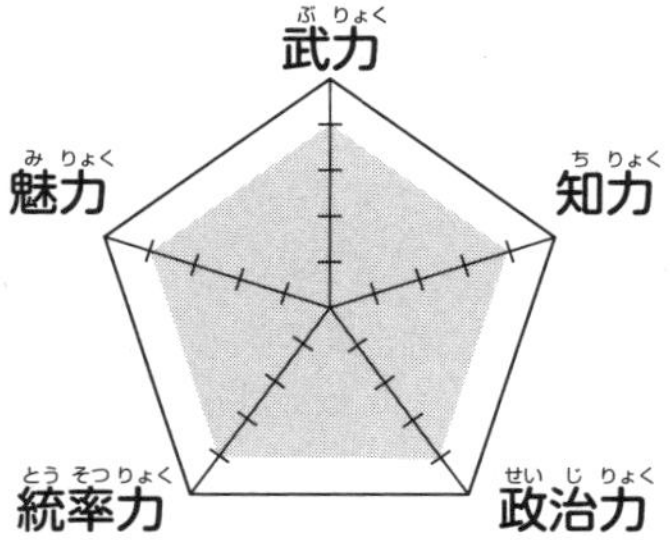

生没年《せいぼつねん》
【1560年《ねん》～1619年《ねん》】
出身地《しゅっしんち》
【越後国《えちごのくに》（新潟県《にいがたけん》）】
幼名《ようみょう》
【樋口与六《ひぐちよろく》】

幼《おさな》い頃《ころ》から賢《かしこ》かった！

直江兼続《なおえかねつぐ》は、長尾氏《ながおし》（のちの上杉氏《うえすぎし》）の領地《りょうち》である越後国《えちごのくに》（今《いま》の新潟県《にいがたけん》）の生《う》まれです。あまり大《おお》きな家《いえ》の子《こ》ではありませんでしたが、とても頭《あたま》のよい子《こ》どもだったようです。

その才能《さいのう》に目《め》を付《つ》けたのが、**上杉謙信**《うえすぎけんしん》のお姉《ねえ》さんでした。彼女《かのじょ》は、頭《あたま》のよい兼続《かねつぐ》を自分《じぶん》の息子《むすこ》のそばに仕《つか》えさせたのです。その息子《むすこ》とは、**上杉景勝**《うえすぎかげかつ》。子《こ》どもがいなかった謙信《けんしん》の養子《ようし》で、跡継《あとつ》ぎとなるべき人物《じんぶつ》でした。こうして、兼続《かねつぐ》と5歳上《さいうえ》の景勝《かげかつ》とは、幼《おさな》い頃《ころ》から信頼関係《しんらいかんけい》を築《きず》いていったのです。

1578年《ねん》、謙信《けんしん》が病気《びょうき》で急死《きゅうし》すると、景勝《かげかつ》と、もう1人《ひとり》の謙信《けんしん》の養子《ようし》である**景虎**《かげとら》との間《あいだ》で、どちらが跡《あと》を継《つ》ぐかの争《あらそ》い（**御館**《おたて》**の乱**《らん》）が起《お》こります。この時《とき》、兼続《かねつぐ》は懸命《けんめい》に戦《たたか》い、無事《ぶじ》、景勝側《かげかつがわ》に勝利《しょうり》をもたらします。

人物相関図《じんぶつそうかんず》

上杉氏《うえすぎし》を生涯《しょうがい》守《まも》り続《つづ》けた

その後《ご》、**豊臣秀吉《とよとみひでよし》**が力《ちから》を強《つよ》めると、上杉氏《うえすぎし》の当主《とうしゅ》となった景勝《かげかつ》とその一《いち》の子分《こぶん》・兼続《かねつぐ》は、秀吉《ひでよし》の部下《ぶか》になることを決めます。以後《いご》、上杉勢《うえすぎぜい》は小田原《おだわら》や朝鮮半島《ちょうせんはんとう》での戦《いくさ》でも大活躍《だいかつやく》。それを見《み》た秀吉《ひでよし》は、知恵《ちえ》も勇気《ゆうき》もある兼続《かねつぐ》をとても気《き》に入《はい》ります。のちに上杉氏《うえすぎし》は会津《あいづ》（今《いま》の福島県《ふくしまけん》西部《せいぶ》）120万石《まんごく》の地《ち》に移《うつ》されましたが、そのうち米沢《よねざわ》（山形県米沢市《やまがたけんよねざわし》）30万石《まんごく》は、特別《とくべつ》に秀吉《ひでよし》から兼続《かねつぐ》に贈《おく》られたとされます。

秀吉《ひでよし》の死後《しご》は、**石田三成《いしだみつなり》**に味方《みかた》し、**徳川家康《とくがわいえやす》**と対立《たいりつ》。結果《けっか》、**関《せき》ケ原《がはら》の戦《たたか》い**で家康《いえやす》が勝利《しょうり》したため、上杉氏《うえすぎし》はわずか30万石《まんごく》に領地《りょうち》を減《へ》らされます。それでも兼続《かねつぐ》は絶望《ぜつぼう》せずに上杉氏《うえすぎし》のために活躍《かつやく》しました。土木工事《どぼくこうじ》を行《おこな》ったり、食料《しょくりょう》の生産《せいさん》を積極的《せっきょくてき》に進《すす》めたりして、上杉氏《うえすぎし》とその領地《りょうち》・米沢《よねざわ》を一生涯《いっしょうがい》かけて支《ささ》えたのです。

現在《げんざい》は上杉神社《うえすぎじんじゃ》となっている

「義《ぎ》」の人《ひと》・直江兼続《なおえかねつぐ》が守《まも》りぬいた城《しろ》

米沢城《よねざわじょう》

・場所《ばしょ》　山形県米沢市《やまがたけんよねざわし》　**・築城《ちくじょう》**　1238年《ねん》ごろ　**・アクセス**　JR「米沢駅《よねざわえき》」から米沢市民《よねざわしみん》バス「上杉神社前《うえすぎじんじゃまえ》」下車《げしゃ》

どんなお城《しろ》？

米沢盆地《よねざわぼんち》の南《みなみ》にある城《しろ》。鎌倉幕府《かまくらばくふ》の基礎《きそ》をつくった1人《ひとり》である大江広元《おおえのひろもと》の次男《じなん》・時広《ときひろ》が築《きず》いた館《やかた》が始《はじ》まりとされています。江戸時代《えどじだい》、上杉《うえすぎ》氏《し》により整備《せいび》されました。天守閣《てんしゅかく》は持《も》たず、2つ《ふた》の3層《そう》からなるやぐらがその代《か》わりとなりました。また、**石垣《いしがき》がないのも特徴《とくちょう》で、代《か》わりに「鉄砲狭間《てっぽうざま》」という塀《へい》の内側《うちがわ》から鉄砲《てっぽう》をうてる穴《あな》をたくさんつくることによって、城《しろ》を守《まも》っていた**と考《かんが》えられています。明治《めいじ》

時代《じだい》にすべての建物《たてもの》が壊《こわ》され、現在《げんざい》は土塁《どるい》や水《みず》堀《ぼり》が残《のこ》されているだけです。城《しろ》の跡地《あとち》に上杉《うえすぎ》神《じん》社《じゃ》、上杉《うえすぎ》記念館《きねんかん》などがあります。舞鶴城《まいづるじょう》、松《まつ》ケ《が》岬城《さきじょう》とも呼《よ》ばれています。

この城《しろ》でのできごと

安土桃山時代《あづちももやまじだい》には、このあたりは伊達家《だてけ》が治《おさ》めており、江戸時代《えどじだい》に東北《とうほく》最大《さいだい》の大名《だいみょう》となる伊《だ》達《て》政宗《まさむね》はこの城《しろ》で生《う》まれ、24歳《さい》までくらしていたといわれています。

残《のこ》されている水堀《みずぼり》

戦国時代《せんごくじだい》になると、上杉景勝《うえすぎかげかつ》の重臣《じゅうしん》・直江兼続《なおえかねつぐ》が30万石《まんごく》を与《あた》えられ、城主《じょうしゅ》となりました。その後《ご》、関ケ原《せきがはら》の戦《たたか》いに負《ま》けたために領地《りょうち》を減《へ》らされた上杉景勝《うえすぎかげかつ》がこの地《ち》に入《はい》り、城主《じょうしゅ》となります。明治時代《めいじじだい》に入《はい》るまで上杉氏《うえすぎし》がこの城《しろ》を中心《ちゅうしん》として、米沢藩《よねざわはん》を治《おさ》めました。

豆知識《まめちしき》

上杉景勝《うえすぎかげかつ》と、その重臣《じゅうしん》・直江兼続《なおえかねつぐ》は、人《ひと》をだましたりすることがきらいで、「義《ぎ》」を大切《たいせつ》にした武将《ぶしょう》といわれています。豊臣《とよとみ》秀吉《ひでよし》の死後《しご》、力《ちから》をつけて自分勝手《じぶんかって》なふるまいをするようになった家康《いえやす》に対《たい》して、兼《かね》続《つぐ》は「直江状《なおえじょう》」という挑戦的《ちょうせんてき》な手紙《てがみ》を出《だ》しました。その内容《ないよう》に家康《いえやす》は激《はげ》しく怒《おこ》り、これが関ケ原《せきがはら》の戦《たたか》いのきっかけの1《ひと》つとなりました。

鷹狩《たかが》り

ある日《ひ》長浜城主《ながはまじょうしゅ》になった秀吉《ひでよし》は鷹狩《たかが》りを楽《たの》しんでいた
じゃーん
ウキャ！
グエー
がしっ
その鷹《たか》をサルが狩《か》る
秀吉様《ひでよしさま》!!
やり方《かた》が違《ちが》います!!
がぶ

伝《つた》えろ！
ねこねこ日《に》本《ほん》史《し》
加藤清正《かとうきよまさ》
怒《おこ》りっぽい戦国武将《せんごくぶしょう》。
大谷吉継《おおたによしつぐ》
頭《あたま》のいい戦国武将《せんごくぶしょう》。
石田三成《いしだみつなり》
秀吉《ひでよし》の側近《そっきん》バカ正直《しょうじき》な戦国武将《せんごくぶしょう》。

わかる

その帰《かえ》りにお寺《てら》でひと休《やす》みすることにした
お茶《ちゃ》を1杯《ばい》いただけぬか?
ウキー
やれやれ
サル語《ご》だから誰《だれ》もわからない
ウキー
ウキ ウキ
ムキー
うわー なんかムッチャ怒《おこ》ってるー!!
何怒《なにおこ》ってるんだろう!?
ムキー
あ! お茶《ちゃ》!
若《わか》き日《ひ》の石田三成《いしだみつなり》
わかる
お前《まえ》サル語《ご》わかるの!?
ムキー ムキー ムキー

三献茶《さんけんちゃ》

1杯目《ばいめ》
トポ
トポ
トポ
あちっ
ちびっ
猫《ねこ》は猫舌《ねこじた》
じーっ
どばっ
水《みず》でうすめた

2杯目《はいめ》

ところが気《き》に入《い》った
ウキー♪
えっ!? まったく同《おな》じのを もう1杯《ぱい》!?
どのくらい水《みず》入《い》れたっけな〜
とぽ とぽ
どばっ
あ! しまった!!
ほとんど水《みず》
それも気《き》に入《い》った
ウキー♪
同《おな》じのを もう1杯《ぱい》!
ええ──!?

3杯目《ばいめ》

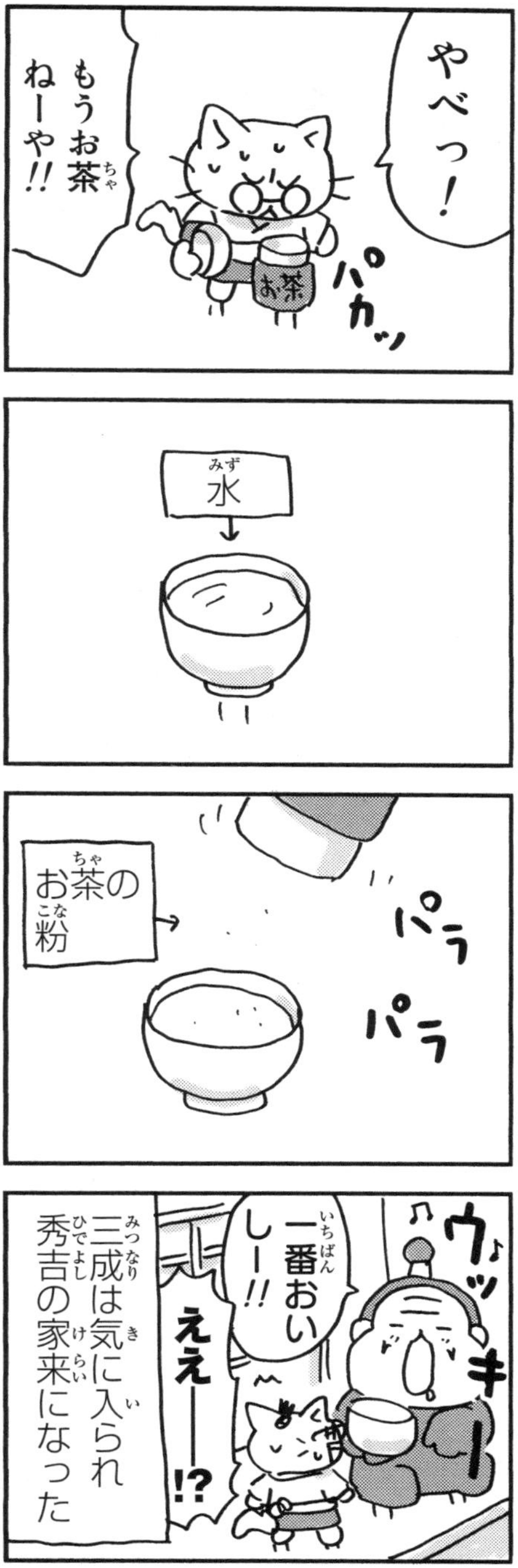

やべっ!
もうお茶《ちゃ》ねーや!!
パカッ
お茶
水《みず》
お茶《ちゃ》の粉《こな》
パラ
パラ
ウッキー♪
一番《いちばん》おいしー!!
ええ──!?
三成《みつなり》は気《き》に入《い》られ秀吉《ひでよし》の家来《けらい》になった

対立《たいりつ》

三成《みつなり》だけがサル語《ご》がわかるため……
加藤清正《かとうきよまさ》
福島正則《ふくしままさのり》
秀吉様《ひでよしさま》はなんておっしゃってるんだ!?
ウキ
えっ
ウキ
「清正《きよまさ》ー正則《まさのり》ー猫《ねこ》ダンスをおどれー」
なんだとー!?
カチン
三成《みつなり》ー!!本当《ほんとう》に言《い》ってるんだろうニャー!!
ねこダ〜ンス〜
言《い》ってます言《い》ってます!!
「回《まわ》れー回《まわ》れー」
だからわたしじゃなくって
ウキキ
クルクル
三成てめえー
武断派《ぶだんは》の武将達《ぶしょうたち》に疎《うと》まれた

不器用《ぶきよう》

みなさんの言《い》いたいことを秀吉様《ひでよしさま》にお伝《つた》えしますニャ!
へっ
おうたのむぜ!
ハァ
じゃあ〜オレ達《たち》の石高《こくだか》を上《あ》げてくれるようサルに言《い》ってくれや!
そいつはいいや
えっ!?
「オレ達《たち》の石高《こくだか》を上《あ》げてくれやサル!」
って
ウキウキ ウキキー
カチン
ムキー
そのまんま言《い》ったのかよ!!
えっ だめだったの?
三成《みつなり》てめぇー!!
対立激化《たいりつげきか》

自分《じぶん》なりの

三成《みつなり》の盟友《めいゆう》
大谷《おおたに》吉継《よしつぐ》
三成《みつなり》！ バカ正直《しょうじき》にやってると敵《てき》ばかりを増《ふ》やすぞ！
ニャ
どうせ誰《だれ》もサル語《ご》わからないいんだから…
好《す》きに訳《やく》していいんだぞ！
ニャるほど！
ポン
再《さい》チャレンジ
清正《きよまさ》と正則《まさのり》の働《はたら》きはめざましく、石高《こくだか》を上《あ》げるべきかと！
うむ！確《たし》かに
ウキャ ウキャ
結果《けっか》は同《おな》じ
フミャ～
どういうことだー!!
ポン
ボーナス

七本槍《しちほんやり》

西暦《せいれき》1583年《ねん》賤《しず》ケ《が》岳《たけ》の戦《たたか》い勃発《ぼっぱつ》
加藤清正《かとうきよまさ》ら「七本槍《しちほんやり》」が大活躍《だいかつやく》した
ニャー
ニャー
ニャー
加藤《かとう》嘉明《よしあき》
福島《ふくしま》正則《まさのり》
加藤《かとう》清正《きよまさ》
片桐且元《かたぎりかつもと》
脇坂《わきざか》安治《やすはる》
平野《ひらの》長泰《ながやす》
糟屋《かすや》
武則《たけのり》
「その七本《しちほん》の槍《やり》を清正《きよまさ》が全部《ぜんぶ》持《も》って猫《ねこ》ダンス～!!」
本当《ほんとう》にそんなこと言《い》ってるのかー!?
ガシャ
ガシャ
ウキー
あー…

使《つか》い道《みち》

三成《みつなり》はどんどん出世《しゅっせ》し得《え》た俸禄《ほうろく》を使《つか》って
優秀《ゆうしゅう》な家来《けらい》を次々《つぎつぎ》と集《あつ》めた
かかってるかかってる
渡辺新之丞《わたなべしんのじょう》ゲット
フーッ
俸禄《ほうろく》
マグロ
こっちは大物《おおもの》ニャー!!
島左近《しまさこん》ゲット
俸禄《ほうろく》
マグロ
大漁《たいりょう》大漁《たいりょう》
フーッ
フーッ
そうやって使《つか》ってるの!?

太閤検地《たいこうけんち》

太閤検地
三成《みつなり》は太閤検地《たいこうけんち》でめざましい活躍《かつやく》をした
それまでバラバラだった、米《こめ》の石高《こくだか》を測《はか》る枡《ます》を統一《とういつ》した
ごそごそ
これからは…
これ!
マグロ
おおーわかりやすい!!
さすがは三成殿《みつなりどの》!!
マグロ

忍城攻略《おしじょうこうりゃく》

西暦《せいれき》1590年《ねん》
忍城《おしじょう》
三成《みつなり》は初《はじ》めて総大将《そうだいしょう》になり、忍城攻略《おしじょうこうりゃく》をまかされた
大谷吉継《おおたによしつぐ》
秀吉様《ひでよしさま》はなんと!?
じーっ
ウキー ウキー ウキキー ウキウキ
島左近《しまさこん》
「忍城《おしじょう》は水攻《みずぜ》めにせよ」と!
水攻《みずぜ》め!
バーン
ウキー ウキー ウキキー ウキウキー
うりゃうりゃ!
降参《こうさん》しろー!!
忍城水攻《おしじょうみずぜ》め失敗《しっぱい》
パシャ
パシャ
パシャ
パシャ

この猫《ねこ》

西暦《せいれき》1590年《ねん》秀吉《ひでよし》はついに全国《ぜんこく》を統一《とういつ》した
ウッキー
秀吉のくに
おめでとうニャー
おめでとうニャー
そんな秀吉《ひでよし》が次《つぎ》に目《め》を付《つ》けたのが…
ウキッ
明《みん》
ウキウキー
明《みん》
三成《みつなり》、秀吉様《ひでよしさま》はなんと言《い》ってるのだ!?
「みてみてここにも猫《ねこ》いた」だって
明《みん》
な〜んだ明《みん》に出兵《しゅっぺい》かと思《おも》ったぜ〜!!

文禄《ぶんろく》・慶長《けいちょう》の役《えき》

ところが西暦《せいれき》1592年《ねん》…
「この猫《ねこ》がほしいから出兵《しゅっぺい》」だって
ウキー
あ〜やっぱり〜!!
文禄《ぶんろく》の役《えき》
朝鮮《ちょうせん》・明連合軍《みんれんごうぐん》
ニャー
なんやかんやで休戦《きゅうせん》
うるさーい
フミャー
再度挑戦《さいどちょうせん》するも…
慶長《けいちょう》の役《えき》(1597–1598)
えっサル死《し》んだの!?
じゃあやめやめ!
秀吉《ひでよし》の死去《しきょ》により中止《ちゅうし》
ポイ
ヒソヒソ

バカ正直《しょうじき》

西暦《せいれき》1598年《ねん》伏見城《ふしみじょう》…
秀吉《ひでよし》は死期《しき》が迫《せま》り諸大名《しょだいみょう》を呼《よ》び寄《よ》せた
ケホケホ
との
との〜
ウキ…ウキー…
ガクッ
秀吉様《ひでよしさま》ー!!
最後《さいご》はなんと!?
徳川家康《とくがわいえやす》
秀頼《ひでより》のことはたのんだぞ
猫《ねこ》だぬき
なんだと三成《みつなり》てめー!!
ムキー
だから言《い》ったの私《わたし》じゃなくってー
このことが遺恨《いこん》となり2人《ふたり》は関ケ原《せきがはら》で戦《たたか》うこととなる…
あ〜…

武将《ぶしょう》の生涯《しょうがい》

石《いし》田《だ》三《みつ》成《なり》

関《せき》ケ《が》原《はら》で敗《やぶ》れた真面目《まじめ》な武将《ぶしょう》

パラメータ

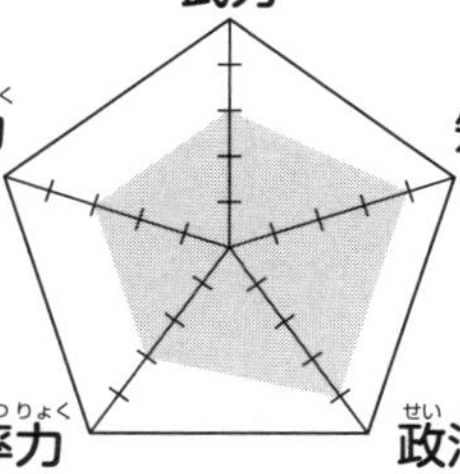

生没年《せいぼつねん》
【1560年《ねん》～1600年《ねん》】

出身地《しゅっしんち》
【近江国《おうみのくに》（滋賀県《しがけん》）】

身分《みぶん》
【五奉行《ごぶぎょう》】

戦《いくさ》が苦手《にがて》な戦国武将《せんごくぶしょう》？

石田三成《いしだみつなり》は近江国《おうみのくに》（今《いま》の滋賀県《しがけん》）の出身《しゅっしん》で、お父《とう》さんは、茶々《ちゃちゃ》（**淀殿《よどどの》**）の父《ちち》・**浅井長政《あざいながまさ》**に仕《つか》えていたともいいます。浅井氏《あざいし》が滅《ほろ》ぶと、この地《ち》は**豊臣秀吉《とよとみひでよし》**が治《おさ》めるようになり、三成《みつなり》も秀吉《ひでよし》に仕《つか》えるようになりました。

しかし、三成《みつなり》はあまり戦《いくさ》が得意《とくい》ではなかったようです。戦国時代《せんごくじだい》なのだから「戦《いくさ》が得意《とくい》でなければ何《なん》の役《やく》にも立《た》たない」と思《おも》われがちですが、そうではありません。武将《ぶしょう》たちがちゃんと合戦《かっせん》で働《はたら》けるように、武器《ぶき》や食事《しょくじ》などをきちんと手配《てはい》することも重要《じゅうよう》です。また、戦国武将《せんごくぶしょう》というのは、戦《いくさ》のない時《とき》には自分《じぶん》の支配《しはい》する土地《とち》を治《おさ》める政治家《せいじか》でもあったので、川《かわ》や道路《どうろ》の整《せい》備《び》をしたり、もめごとを収《おさ》めたりといったさまざまな仕事《しごと》があります。三成《みつなり》はそういった事務《じむ》的《てき》な仕事《しごと》が得意《とくい》だったようです。

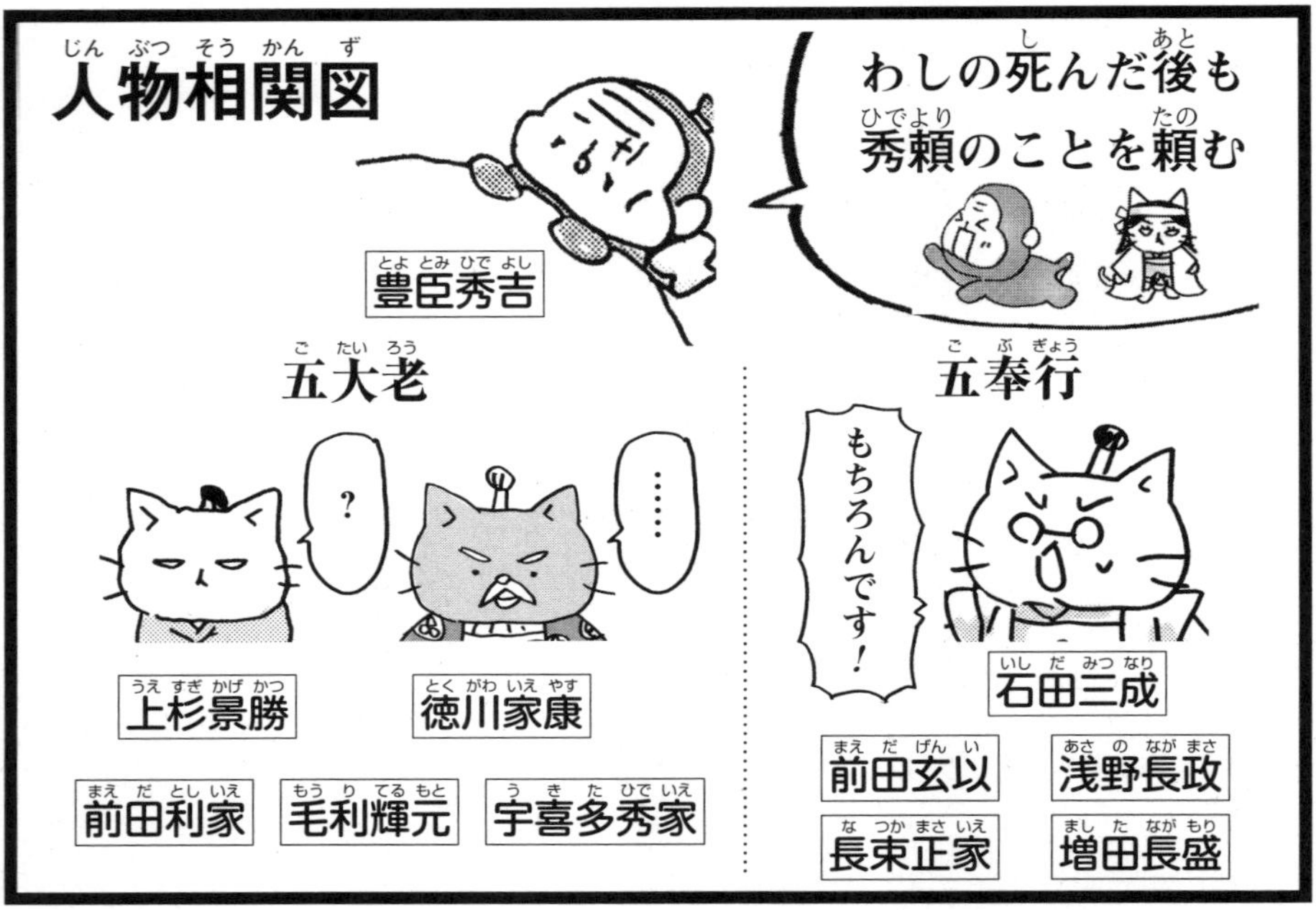

地味《じみ》な仕事《しごと》で大活躍《だいかつやく》

三成《みつなり》は、九州《きゅうしゅう》での戦《たたか》いの際《さい》に食料《しょくりょう》を運《はこ》ぶことに力《ちから》を発揮《はっき》したり、全国各地《ぜんこくかくち》のお米《こめ》のとれる量《りょう》を測《はか》る「**検地**《けんち》」という仕事《しごと》ですぐれた働《はたら》きをしたりしたため、その実力《じつりょく》を秀吉《ひでよし》から認《みと》められていきます。1592年《ねん》、秀吉《ひでよし》が朝鮮半島《ちょうせんはんとう》に出兵《しゅっぺい》した時《とき》には、現地《げんち》に渡《わた》り敵《てき》との交渉《こうしょう》などで活躍《かつやく》しました。

やがて三成《みつなり》は、**五奉行**《ごぶぎょう》という事務的《じむてき》な仕事《しごと》を行《おこな》う役職《やくしょく》の事実上《じじつじょう》トップの地位《ちい》にまでのぼりつめました。

しかし、秀吉《ひでよし》が亡《な》くなると、今度《こんど》は**五大老**《ごたいろう》の1人《ひとり》・**徳川家康**《とくがわいえやす》が天下《てんか》を狙《ねら》いはじめます。その時《とき》、三成《みつなり》は、秀吉《ひでよし》の子《こ》・**秀頼**《ひでより》を主君《しゅくん》として守《まも》り続《つづ》けるべきではないか、と考《かんが》えました。

やがて、三成《みつなり》と家康《いえやす》の間《あいだ》で、天下分《てんかわ》け目《め》の決戦《けっせん》、関ヶ原《せきがはら》の戦《たたか》いが起《お》こることになります。

写真提供《しゃしんていきょう》：(公社《こうしゃ》)びわこビジターズビューロー

・**場所**《ばしょ》　滋賀県彦根市《しがけんひこねし》　・**築城**《ちくじょう》　鎌倉時代《かまくらじだい》　・**アクセス**　ＪＲ「彦根駅《ひこねえき》」下車《げしゃ》 徒歩《とほ》20分《ぷん》で登山口《とざんぐち》、山頂《さんちょう》まで20分《ぷん》

三成《みつなり》とともに散《ち》った まぼろしの名城《めいじょう》

佐《さ》和《わ》山《やま》城《じょう》

どんなお城《しろ》？

近畿地方《きんきちほう》と関東地方《かんとうちほう》を結《むす》ぶ重要《じゅうよう》な地点《ちてん》につくられた城《しろ》です。鎌倉時代《かまくらじだい》の武将《ぶしょう》・佐保時綱《さほときつな》がつくった砦《とりで》が始《はじ》まりといわれ、戦国《せんごく》時代《じだい》には六角氏《ろっかくし》、浅井氏《あざいし》が支配《しはい》していました。**１５９０年《ねん》に豊臣秀《とよとみひで》吉《よし》の家臣《かしん》であった石田三成《いしだみつなり》が城主《じょうしゅ》となり、大改修《だいかいしゅう》をしました。**関《せき》ヶ原《はら》の戦《たたか》いで三成《みつなり》が負《ま》けたあとは、井伊直政《いいなおまさ》らがこの地《ち》の領主《りょうしゅ》となりましたが、新《あたら》しく彦根城《ひこねじょう》をつくることとなり、佐和山城《さわやまじょう》は壊《こわ》されま

した。現在《げんざい》では土塁《どるい》・お堀《ほり》の跡《あと》などが残《のこ》っているだけです。

この城《しろ》でのできごと

関《せき》ヶ原《がはら》の戦《たたか》いに勝利《しょうり》した徳川家康《とくがわいえやす》は、西軍《せいぐん》の中心《ちゅうしん》であった石田三成《いしだみつなり》の居城《きょじょう》である佐和山城《さわやまじょう》を攻撃《こうげき》しました。**このとき、三成《みつなり》と城《しろ》の兵《へい》の多《おお》くは関《せき》ヶ原《がはら》に出陣《しゅつじん》していたため、城《しろ》に残《のこ》っていた兵士《へいし》は約《やく》2800人《にん》にすぎませんでした。**兵士《へいし》たちは必死《ひっし》で城《しろ》を守《まも》ろうとしましたが、味方《みかた》の兵《へい》の裏切《うらぎ》りなどもあり、とうとう負《ま》けてしまいました。このとき、三成《みつなり》の父《ちち》・妻《つま》などは、みな戦死《せんし》・自害《じがい》しています。

ゆかりの人物《じんぶつ》

島左近《しまさこん》（1540年《ねん》－1600年《ねん》）

戦国時代《せんごくじだい》の武将《ぶしょう》。島清興《しまきよおき》とも。左近《さこん》をどうしても家来《けらい》にしたかった石田《いしだ》三成《みつなり》は、当時《とうじ》の自分《じぶん》の石高《こくだか》４万石《まんごく》の半分《はんぶん》を左近《さこん》に与《あた》えたといわれています。関ヶ原《せきがはら》の戦《たたか》いで戦死《せんし》したといわれていますが、生《い》き残《のこ》ったという多《おお》くの伝説《でんせつ》が残《のこ》されています。

上《うえ》：市街地《しがいち》からのぞむ佐和山《さわやま》／下《した》：佐和山《さわやま》にある石田三成像《いしだみつなりぞう》

豆知識《まめちしき》

「三成《みつなり》に過《す》ぎたるものが二《ふた》つあり　島《しま》の左《さ》近《こん》と佐和山《さわやま》の城《しろ》」とまでいわれた名城《めいじょう》ですが、実際《じっさい》の佐和山城《さわやまじょう》はかなり質素《しっそ》なもので、城《しろ》の内部《ないぶ》の大部分《だいぶぶん》は板張《いたば》りで、壁《かべ》は上塗《うわぬ》りをしていない状態《じょうたい》のままで、庭《にわ》の樹木《じゅもく》もありきたりであったといわれています。

いざ

西暦《せいれき》1600年《ねん》
徳川家康《とくがわいえやす》
徳川家康《とくがわいえやす》ひきいる東軍《とうぐん》と……
石田三成《いしだみつなり》ひきいる西軍《せいぐん》による……
石田三成《いしだみつなり》
天下分け目《てんかわけめ》の戦《たたか》いが始《はじ》まった!!
わー
わー
大一大万大吉
猫《ねこ》を集《あつ》められるだけ集《あつ》めろーーー!!
ニャー
ニャー
こっちも負《ま》けるニャー
ニャー
ニャー
そこからかよ!!

分《わ》け目《め》！ねこねこ日本史《にほんし》

小早川秀秋《こばやかわひであき》
秀吉《ひでよし》の養子《ようし》だったこともあった武将《ぶしょう》

石田三成《いしだみつなり》
豊臣家《とよとみけ》に忠誠《ちゅうせい》をつくした知将《ちしょう》だが、人望《じんぼう》が……

徳川家康《とくがわいえやす》
秀吉《ひでよし》の死後《しご》、豊臣家《とよとみけ》を裏切《うらぎ》って徳川幕府《とくがわばくふ》を開《ひら》く

両軍《りょうぐん》

徳川家康《とくがわいえやす》ひきいる東軍《とうぐん》は…
ドン
約《やく》10万匹《まんびき》…
石田三成《いしだみつなり》ひきいる西軍《せいぐん》は…
ドドン
約《やく》8万匹《まんびき》…
大一大万大吉
ニャー
ニャー
ニャー
ニャー
ニャー
ニャー
バリバリ
バリ
両軍《りょうぐん》バラバラ
戦《たたか》いどころではないニャ!!
ニャー
ニャー
ニャー
ニャー
バリ
バリ

秀忠軍《ひでただぐん》

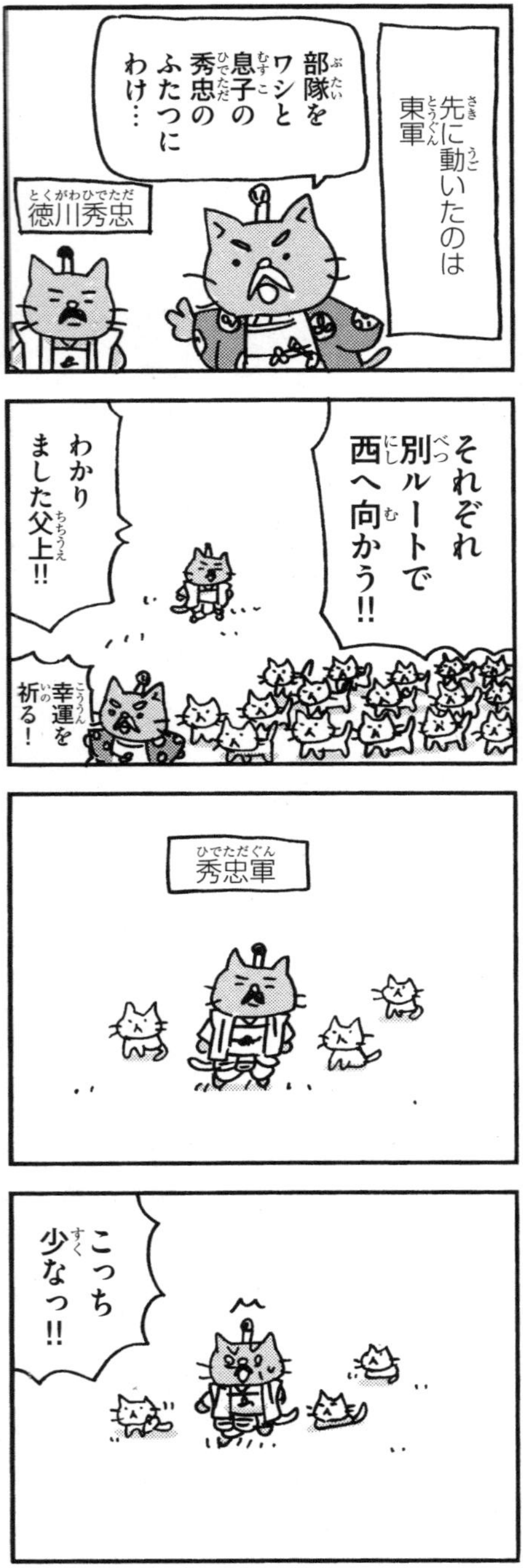
先《さき》に動《うご》いたのは東軍《とうぐん》
部隊《ぶたい》をワシと息子《むすこ》の秀忠《ひでただ》のふたつにわけ…
徳川秀忠《とくがわひでただ》
それぞれ別《べつ》ルートで西《にし》へ向《む》かう!!
わかりました父上《ちちうえ》!!
幸運《こううん》を祈《いの》る!
秀忠軍《ひでただぐん》
こっち少《すく》なっ!!

足止《あしど》め

だいぶふやしてもらった
3万《まん》8千匹《せんびき》
ミャー
ミャー
ミャー
よーし！いざ出陣《しゅつじん》!!
ところがそこに西軍《せいぐん》の真田昌幸《さなだまさゆき》と2千《せん》5百匹《ひゃっぴき》の兵《へい》のいる上田城《うえだじょう》が立《た》ちはだかる
じゃーん
上田城《うえだじょう》
ワハハ たかが2千《せん》5百《ひゃく》 ひとひねりニャ！
シャキーン
それはどうかニャ！
ねこ夢中《むちゅう》
知将《ちしょう》・真田昌幸《さなだまさゆき》の作戦《さくせん》にはまる
ニャー

予想外《よそうがい》

一方《いっぽう》、石田三成《いしだみつなり》の西軍《せいぐん》も出陣《しゅつじん》！
家康《いえやす》を倒《たお》すぞー!!
いざ出陣《しゅつじん》!!
東軍《とうぐん》を迎《むか》えうつべく大垣城《おおがきじょう》にこもる
ザッ ザッ ザッ
家康軍《いえやすぐん》
大垣城《おおがきじょう》
来《き》たニャ！
ザッ
むっちゃふえてる!!
ザッ

左近《さこん》

先勝《せんしょう》

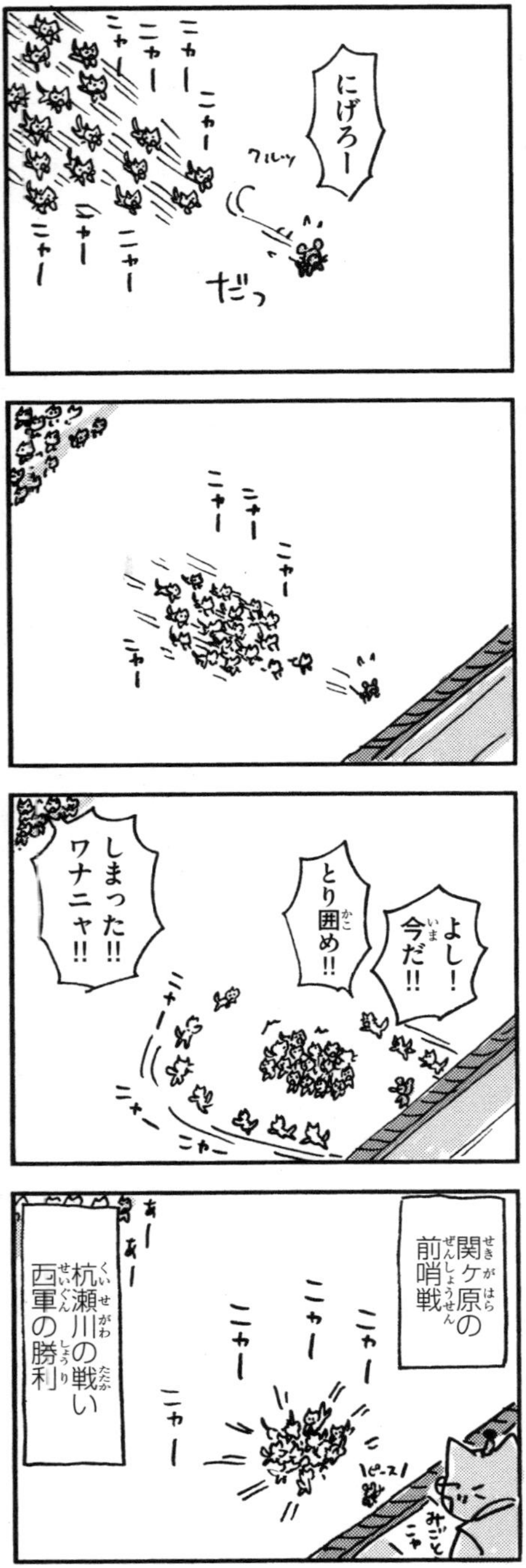

夜襲《やしゅう》

ぬくぬくやるな 三成《みつなり》め…だが 勝負《しょうぶ》はこれからよ！
望《のぞ》むところだ！
そして その夜《よる》…
ホーホー
双方《そうほう》は夜襲《やしゅう》の準備《じゅんび》を……
東軍《とうぐん》
スヤ
スヤ
……
…してなかった
西軍《せいぐん》
スヤ
スヤ
スヤ
スヤ
スヤ

キーマン

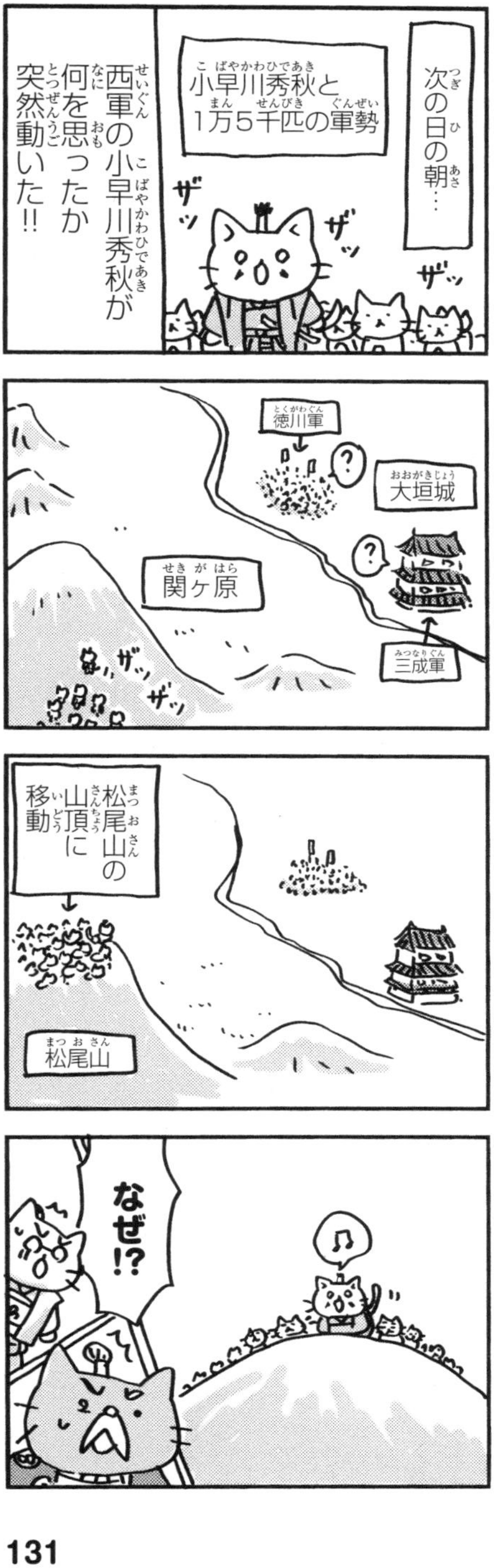
次《つぎ》の日《ひ》の朝《あさ》…
小早川秀秋《こばやかわひであき》と1万《まん》5千匹《せんびき》の軍勢《ぐんぜい》
ザッ
ザッ
ザッ
西軍《せいぐん》の小早川秀秋《こばやかわひであき》が何《なに》を思《おも》ったか突然《とつぜん》動《うご》いた!!
徳川軍《とくがわぐん》
?
大垣城《おおがきじょう》
?
関ヶ原《せきがはら》
三成軍《みつなりぐん》
ザッ
ザッ
松尾山《まつおさん》の山頂《さんちょう》に移動《いどう》
松尾山《まつおさん》
なぜ!?
♪

場所取《ばしょと》り

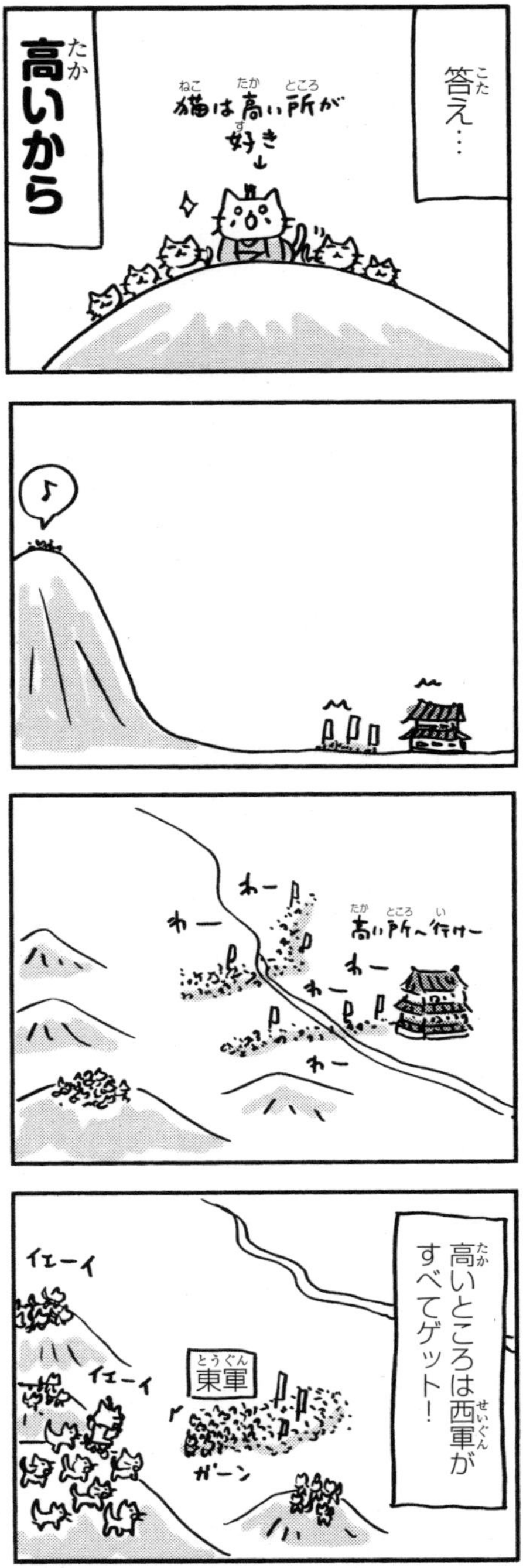
答《こた》え…
高《たか》いから
猫《ねこ》は高《たか》い所《ところ》が好《す》き
♪
ワー
ワー
高《たか》い所《ところ》へ行《い》けー
ワー
ワー
ワー
高《たか》いところは西軍《せいぐん》がすべてゲット！
イエーイ
イエーイ
東軍《とうぐん》
ガーン

計算外《けいさんがい》

ずるい〜 高《たか》いところどけよ〜
ニャー
ニャー
ニャー
ニャー
べーだ
こうして関ヶ原《せきがはら》の戦《たたか》いは始《はじ》まった!!
当然《とうぜん》、高《たか》いところにいる西軍《せいぐん》が有利《ゆうり》
バシ
バシ
バシ
よし あと ひと息《いき》だ！
一気《いっき》に山《やま》をかけおりて東軍《とうぐん》に攻《せ》めこめ――!!
行《い》け――!!
うんにゃ
山《やま》を降《お》りたくない
島津義弘《しまづよしひろ》
にゃに――!?

むずかしい

ぱッ
じゃあ行《い》け!! 毛利軍《もうりぐん》!!
ガーン
なんか内輪《うちわ》もめ
毛利秀元《もうりひでもと》
吉川広家《きっかわひろいえ》
わしがてっぺんニャー
ニャー
ニャー
行《い》け! 長宗我部軍《ちょうそかべぐん》!!
ニャンだよー!!
やる気《き》なし
猫《ねこ》にいうことを聞《き》かせるのは相当《そうとう》むずかしい

小早川軍《こばやかわぐん》

やる気《き》のある猫《ねこ》とない猫《ねこ》が入《い》り乱《みだ》れてなんとなく一進一退《いっしんいったい》の攻防《こうぼう》がつづく…
ニャー
ニャー
小早川《こばやかわ》の軍《ぐん》はどうした!?
動《うご》いていません!!
なぜニャ!?
小早川軍《こばやかわぐん》
ニャー
フフフ そろそろ小早川軍《こばやかわぐん》が
東軍《とうぐん》に寝返《ねがえ》るハズニャ!
日《ひ》なたぼっこ中《ちゅう》
ポカ
ポカ

動《うご》く

日陰《ひかげ》になった
ひんやり…
このあたりはまだ日《ひ》なた
わー
行けー
わー
すくっ
全軍《ぜんぐん》日《ひ》なたに移動《いどう》!!
ついに小早川《こばやかわ》動《うご》く
ニャー
ニャー
ニャー
ニャー

決着《けっちゃく》

ドドドドドド
どけどけどけー!!
ブギャ
ドーン
小早川軍《こばやかわぐん》が寝返《ねがえ》った!!
ビシ
バシ
バシ
バシ
ビシ
こうして一気《いっき》に形勢《けいせい》は東軍《とうぐん》にかたむき関ヶ原《せきがはら》の戦《たたか》いは徳川家康《とくがわいえやす》が勝利《しょうり》したのであった
ポカ
ポカ
ていうか、小早川《こばやかわ》の勝《か》ち!

天下泰平《てんかたいへい》の世《よ》をもたらした戦国武将《せんごくぶしょう》
徳《とく》川《がわ》家《いえ》康《やす》

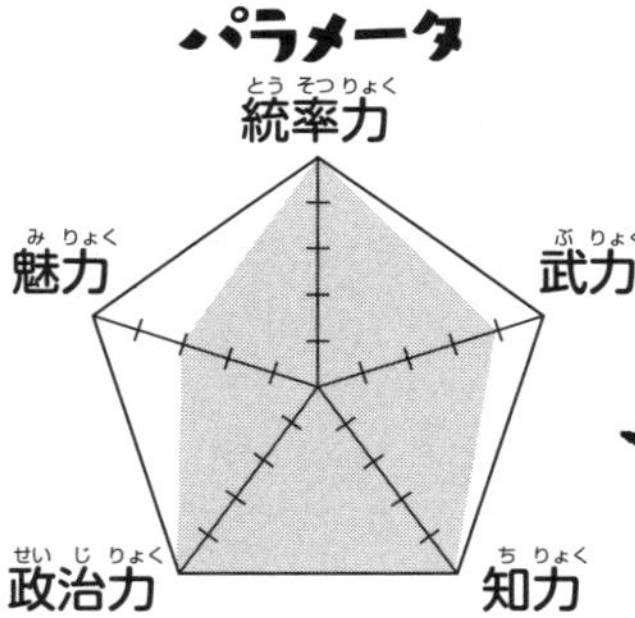
パラメータ
統率力《とうそつりょく》
武力《ぶりょく》
知力《ちりょく》
政治力《せいじりょく》
魅力《みりょく》

生没年《せいぼつねん》
【1542年《ねん》～1616年《ねん》】
出身地《しゅっしんち》
【三河国《みかわのくに》(愛知県東部《あいちけんとうぶ》)】
身分《みぶん》
【江戸幕府初代将軍《えどばくふしょだいしょうぐん》】

家康《いえやす》は、じっと我慢《がまん》の人《ひと》？

徳川家康《とくがわいえやす》は三河国《みかわのくに》（今《いま》の愛知県東部《あいちけんとうぶ》）の有力《ゆうりょく》な武将《ぶしょう》の跡継《あとつ》ぎとして生《う》まれました。しかし、当時《とうじ》はまわりにもっと力《ちから》の強《つよ》い戦国大名《せんごくだいみょう》がおり、家康《いえやす》は幼《おさな》い頃《ころ》から他国《たこく》に人質《ひとじち》としてとられていました。そのためか、家康《いえやす》には「我慢《がまん》の人《ひと》」「忍耐《にんたい》の人《ひと》」というイメージがあります。その後《ご》も、**織田信長《おだのぶなが》**や**豊臣秀吉《とよとみひでよし》**の天下《てんか》とりを支《ささ》える、脇役《わきやく》のような役割《やくわり》を果《は》たしてきました。

家康《いえやす》が、ようやく将軍《しょうぐん》となり、天下《てんか》を治《おさ》めるようになったのは61歳《さい》の時《とき》。当時《とうじ》としてはかなりの高齢《こうれい》でしたから、やはり「我慢《がまん》の人《ひと》」といってもよいのかもしれませんね。

そうはいっても、ただじっと我慢《がまん》していたわけではありませんよ。数々《かずかず》の戦《いくさ》に出陣《しゅつじん》しましたし、その強《つよ》さは、信長《のぶなか》や秀吉《ひでよし》以上《いじょう》だという人《ひと》もいるくらいなのです。

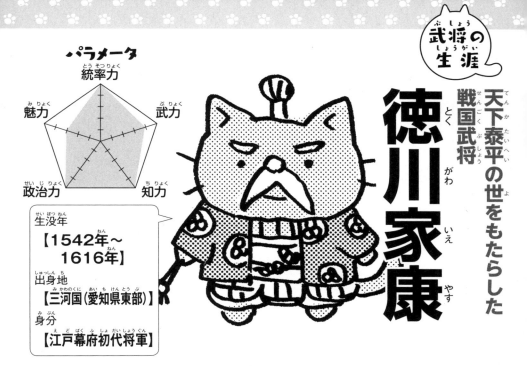

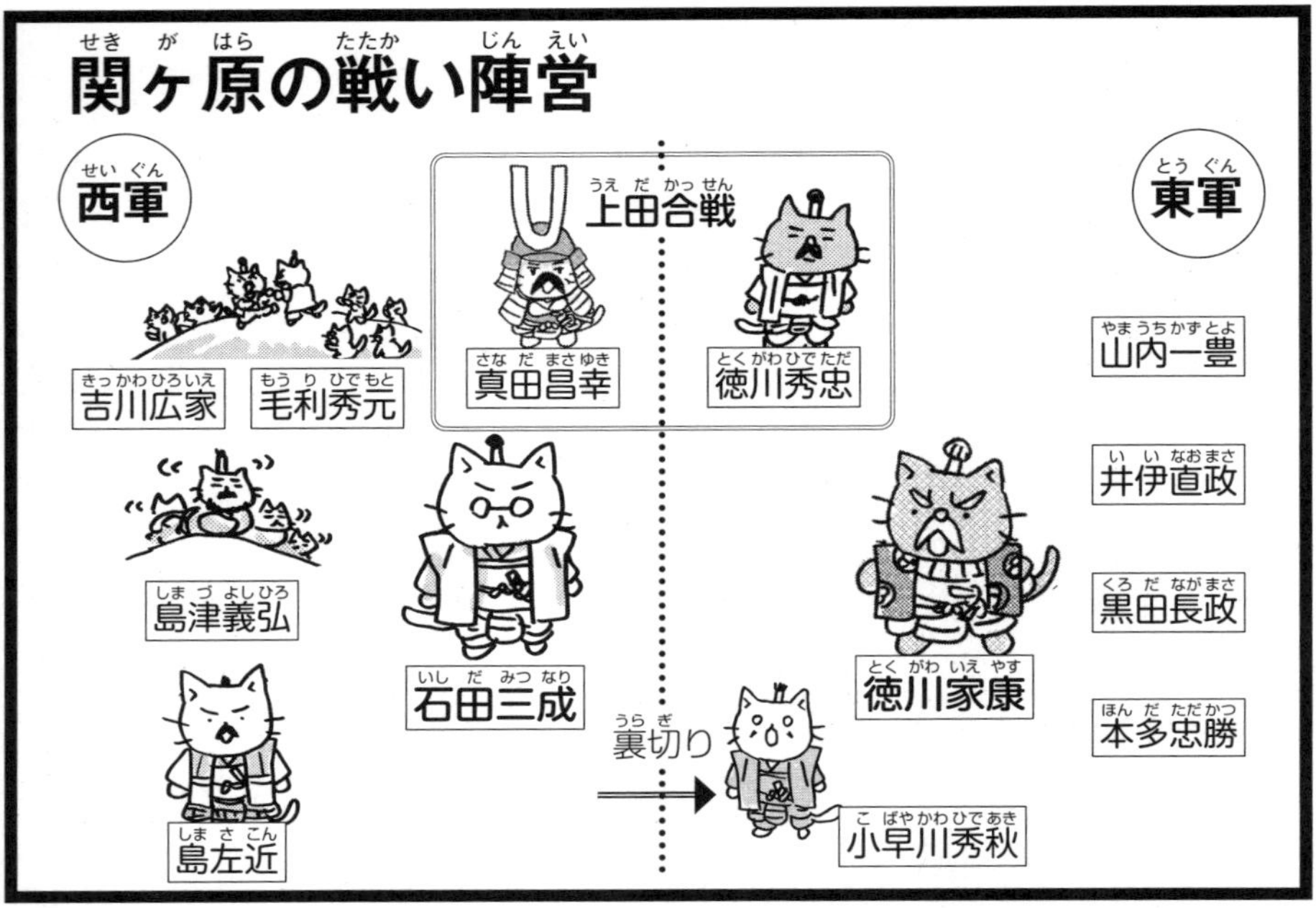

天下《てんか》分《わ》け目《め》の戦《たたか》いを制《せい》した家康《いえやす》

家康《いえやす》が天下《てんか》とりに動《うご》いたのは、秀吉《ひでよし》が亡《な》くなってからのことです。すると、徐々《じょじょ》に力《ちから》をつけてきた家康《いえやす》と、秀吉《ひでよし》の遺言《ゆいごん》を守《まも》り、その子《こ》・**豊《とよ》臣秀頼《とみひでより》**を中心《ちゅうしん》とした政治《せいじ》を続《つづ》けていこうとする**石田三成《いしだみつなり》**らが対立《たいりつ》するようになりました。

1600年《ねん》、家康《いえやす》が東北《とうほく》へと戦《いくさ》に出《で》かけたすきに、三成《みつなり》らが兵《へい》を挙《あ》げます。世《よ》の武将《ぶしょう》たちは、家康《いえやす》に味方《みかた》する東軍《とうぐん》と三成《みつなり》が率《ひき》いる西軍《せいぐん》とに分《わ》かれ、大《おお》きな戦《たたか》いが行《おこな》われました。「**関ケ原《せきがはら》の戦《たたか》い**」です。

激戦《げきせん》の結果《けっか》、家康《いえやす》率《ひき》いる東軍《とうぐん》が勝利《しょうり》を収《おさ》めます。家康《いえやす》が、戦《いくさ》のはじまる前《まえ》に**吉川広家《きっかわひろいえ》**や**小早《こばや》川秀秋《かわひであき》**など西軍《せいぐん》の武将《ぶしょう》たちを味方《みかた》に引《ひ》き入《い》れていたのが勝因《しょういん》といえそうです。この戦《いくさ》で大勝《たいしょう》した家康《いえやす》は、その3年後《ねんご》に**征夷大将軍《せいいたいしょうぐん》**となり、**江《え》戸幕府《どばくふ》**を開《ひら》くことになるのです。

国《くに》の特《とく》別史跡《べつしせき》

名古屋《なごや》のシンボル！金《きん》の鯱《しゃちほこ》が輝《かがや》く、日本《にほん》を代表《だいひょう》する名城《めいじょう》

名《な》古《ご》屋《や》城《じょう》

どんなお城《しろ》？

大天守《だいてんしゅ》の緑色《みどりいろ》の屋根《やね》の上《うえ》に載《の》る「金《きん》の鯱《しゃちほこ》」は、名古屋《なごや》の町《まち》のシンボルです。シャチは「水《みず》を呼《よ》ぶ」という伝説《でんせつ》があり、火事《かじ》をさけるお守《まも》りと

大天守《だいてんしゅ》の屋根《やね》に輝《かがや》く金《きん》の鯱《しゃちほこ》

・**場所《ばしょ》**　愛知県名古屋市《あいちけんなごやし》　・**築城《ちくじょう》**　1609年《ねん》　・**アクセス**　地下鉄名城《ちかてつめいじょう》線《せん》「名古屋城《なごやじょう》」下車《げしゃ》　徒歩《とほ》5分《ふん》

いわれます。**また城《しろ》のさまざまな場所《ばしょ》には、徳《とく》川家《がわけ》のシンボルである「葵《あおい》のご紋《もん》」が付《つ》けられており、徳川《とくがわ》の城《しろ》としての格式《かくしき》を示《しめ》しています。**日本画《にほんが》の代表的《だいひょうてき》な一派《いっぱ》である狩野派《かのうは》の絵師《えし》たちによる本丸《ほんまる》のふすま絵《え》や、名勝《めいしょう》に指定《してい》されている美《うつく》しい二《に》の丸庭園《まるていえん》など、歴史的《れきしてき》な見《み》どころも多《おお》い城《しろ》です。

この城《しろ》でのできごと

1600年《ねん》、関ヶ原《せきがはら》の戦《たたか》いで勝利《しょうり》し江戸幕府《えどばくふ》を開《ひら》いた徳川家康《とくがわいえやす》は、大坂《おおさか》にいる豊臣秀吉《とよとみひでよし》の息《むす》子《こ》・秀頼《ひでより》との決戦《けっせん》に備《そな》え始《はじ》めます。そこで、9番目《ばんめ》の息子《むすこ》である義直《よしなお》を城主《じょうしゅ》として、名古屋《なごや》に新《あたら》しい城《しろ》を築《きず》きました。**徳川《とくがわ》の城《しろ》としては日本《にほん》の1番西《ばんにし》にある名古屋城《なごやじょう》は、豊臣方《とよとみがた》と対決《たいけつ》する拠点《きょてん》となったのです。**家康《いえやす》が各地《かくち》の大名《だいみょう》に命《めい》じてつくらせた「天下普請《てんかぶしん》」の城《しろ》でもあり、城《しろ》づくりが得意《とくい》だった加藤清正《かとうきよまさ》をはじめとする20もの大名《だいみょう》たちが工事《こうじ》を分担《ぶんたん》して築《きず》きました。以後《いご》、将軍家《しょうぐんけ》の親《しん》せきとして栄《さか》えた「尾張徳《おわりとく》川家《がわけ》」の居城《きょじょう》となります。

豆知識《まめちしき》

名古屋城《なごやじょう》の石垣《いしがき》の石《いし》には「刻印《こくいん》」と呼《よ》ばれるマークが数多《かずおお》くほられています。これは、それぞれの石《いし》がどの大名《だいみょう》のものかをまちがえないようにするための目印《めじるし》で、多《おお》くの大名《だいみょう》が築城《ちくじょう》に関《かか》わっていたことを物語《ものがた》っています。

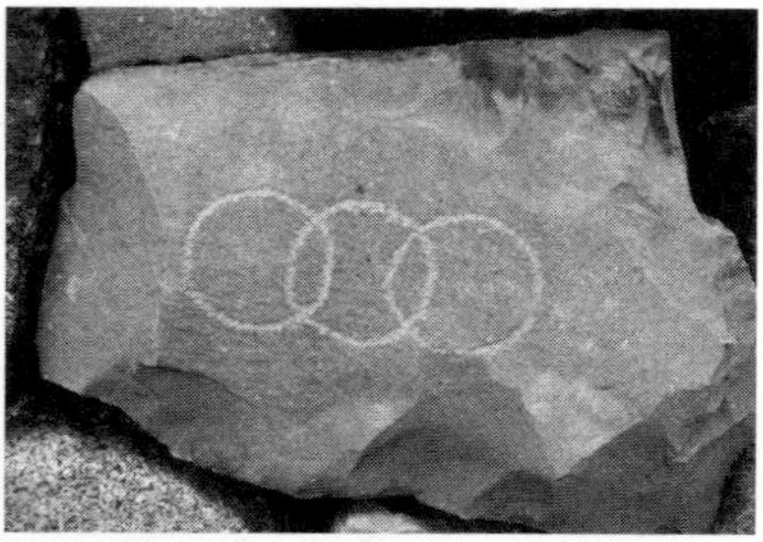

切《き》れる

松平元康《まつだいらもとやす》
(のちの徳川《とくがわ》家康《いえやす》)
本多忠勝《ほんだただかつ》
(通称平八郎《つうしょうへいはちろう》
のちに徳川四天王《とくがわしてんのう》の
1人《ひとり》になる武将《ぶしょう》)
スー…
忠勝《ただかつ》の武器《ぶき》は
長槍《ながやり》「蜻蛉切《とんぼきり》」
槍先《やりさき》に
止《と》まった
トンボが
勝手《かって》に
切《き》れたので
その名《な》が
付《つ》いたという…
ふにゃりっ
止《と》まりにくっ!
変《へん》な槍《やり》だな!
カチン
ブオン
ブオン
ブオン
ブオン
ニャんだ
とう!!
そっちの
「切《き》れる」!?

ねこねこ日《に》本《ほん》史《し》
切《き》れ!

小松姫《こまつひめ》
忠勝《ただかつ》の娘《むすめ》

本多忠勝《ほんだただかつ》
徳川四天王《とくがわしてんのう》の1人《ひとり》
長槍《ながやり》「蜻蛉切《とんぼきり》」をあやつる

徳川家康《とくがわいえやす》
忠勝《ただかつ》の主君《しゅくん》

切《き》れた

忠勝《ただかつ》は57度戦場《どせんじょう》に出《で》て 傷《きず》一《ひと》つ 負《お》わなかったという
忠勝《ただかつ》がまだ若《わか》かった頃《ころ》 とある戦《たたか》いで…
ニャー
ニャー
ニャー
忠勝《ただかつ》！ 今《いま》ニャ！ こいつを初首《はつくび》にするのニャー!!
本多忠真《ほんだただざね》 (おじ)
フミャー
がしっ
おっと 変《へん》な 槍《やり》だ
カチン
りっ
くる
スー…
コノヤロー!!
手伝《てつだ》わ なくても 切《き》れた
切《き》れた
フギャー
ブオン
ブオン
ブオン
ブオン
フミャー

一喝《いっかつ》

西暦《せいれき》1562年《ねん》 信長《のぶなが》と同盟《どうめい》を結《むす》ぶ ために元康《もとやす》に同行《どうこう》
清州城下《きよすじょうか》
ザッザッ ザッ
織田家《おだけ》の人質《ひとじち》だった 元康《もとやす》を一目《ひとめ》見《み》ようと 大勢《おおぜい》が集《あつ》まった
わいわい
あれニャー
おぉー
見《み》せ者《もの》じゃ ないのニャー…
カチン
止《と》まり やすい
あのへんなやりより
トン
ニャんだ とうー!!
忠勝《ただかつ》はヤジ馬《うま》を 一喝《いっかつ》した
フミャー
ブオーン

殿《との》の側《がわ》

西暦《せいれき》1563年《ねん》
三河《みかわ》一向一揆《いっこういっき》勃発《ぼっぱつ》
家臣《かしん》の大半《たいはん》があっちについてしまった〜 どうしよ〜!?
一向衆《いっこうしゅう》
忠勝《ただかつ》はこっちでいいのか?
忠勝《ただかつ》も一向衆《いっこうしゅう》だよニャー?
私《わたし》は殿《との》の側《がわ》について戦《たたか》いますニャ
どん
ありがとう忠勝《ただかつ》!
じーん
トンボがあっち側《がわ》だから
フミャー
ただかつきたー!!
ぬおりゃー

一騎駆《いっきが》け

西暦《せいれき》1570年《ねん》
姉川《あねがわ》の戦《たたか》い
朝倉《あさくら》の大軍《たいぐん》
ニャーニャー
家康《いえやす》の援軍《えんぐん》はまだか!?
ドドド
織田信長《おだのぶなが》
もうダメニャー
来《き》ました!
本多忠勝《ほんだただかつ》一騎駆《いっきが》けです
オラオラオラ
何《なに》!?
「一騎駆《いっきが》け」とはたった1人《ひとり》でやってくること
オラ
オラ
オラ
オラ
オラ
大軍《たいぐん》にたった1人《ひとり》で…家康殿《いえやすどの》はいい家臣《かしん》を持《も》ったニャ…
織田軍《おだぐん》ですニャー
オラオラ
オラ
オラ

過《す》ぎたるもの

一言坂《ひとことざか》の戦《たたか》い
西暦《せいれき》1572年《ねん》
武田信玄《たけだしんげん》と激突《げきとつ》
そーっ
武田《たけだ》
キバ軍団《ぐんだん》
いーー
いーー
ガサッ
フミャー
あ!
こわいよー
フミャ
にげろー!!
いーーい
うわー戻《もど》って
来《き》たー!!
この戦《たたか》いののち
「家康《いえやす》に
過《す》ぎたるもの
本多平八《ほんだへいはち》」といわれる
オラ
オラ

無傷《むきず》

長篠《ながしの》の戦《たたか》い
西暦《せいれき》1575年《ねん》
オラ
オラ
オラ
スー
高天神城《たかてんじんじょう》の戦《たたか》い
西暦《せいれき》1580年《ねん》
てんめー
コラー
ブオン
ブオン
スー
キラン
忠勝《ただかつ》はこれだけ
戦《たたか》っても傷一《きずひと》つ
負《お》わなかったという
ぬ〜〜
こっちも無傷《むきず》
キラン

ひみつ

忠勝《ただかつ》が無傷《むきず》なのはヨロイに秘密《ひみつ》があるのか？
けっこうみんな
ボロボロ
見《み》せて見《み》せて
はい
ポトン
何《なに》コレ!?
ひょいっ
ペラペラだニャ〜
ふにゃ ふにゃ
当《あ》たったら100%死《し》ぬから絶対《ぜったい》当《あ》たらないように戦《たたか》う
キラン
だから無傷《むきず》
イミわかんニャい〜

進言《しんげん》

西暦《せいれき》1582年《ねん》本能寺《ほんのうじ》の変《へん》で同盟《どうめい》の信長《のぶなが》が亡《な》くなり…
むねんニャー
メラ
メラ
メラ
家康《いえやす》一行《いっこう》は大坂《おおさか》・堺《さかい》の町《まち》に取《と》り残《のこ》された
周《まわ》りは敵《てき》だらけニャーもうおしまいニャー
どーしよー
スー…
三河《みかわ》に向《む》かうのニャ!
ニャるほど!
三河《みかわ》に戻《もど》ることを進言《しんげん》し無事帰還《ぶじきかん》
アンニャロー
ぎゅっ

突進《とっしん》

西暦《せいれき》1584年《ねん》
小牧《こまき》·長久手《ながくて》の戦《たたか》い
家康《いえやす》
VS.
秀吉《ひでよし》
長久手《ながくて》の戦《たたか》いで疲《つか》れている家康軍《いえやすぐん》に数万《すうまん》の秀吉軍《ひでよしぐん》がせまる
ザッ ザッ ザッ
秀吉軍数万《ひでよしぐんすうまん》
ボロ…
ヨロ…
スー…
ウキ？
ウキー!?
ええー!?
わずかの兵《へい》をつれて忠勝《ただかつ》が攻《せ》めて来《き》た
ぬおりゃー
たたたた

忠義者《ちゅうぎもの》

ブオン ブオン
かくごしろニャー
ど…どうしますか？簡単《かんたん》に倒《たお》せますが…
うるうるうる
じーーん
えっ!?
ウキー（殺《ころ》すな）
あの様《よう》な忠義者《ちゅうぎもの》を死《し》なせてはならぬ！
ははっ
忠勝《ただかつ》は殺《ころ》されずに済《す》んだ
ぬおー!!
ブオン ブオン ブオン
ウキャー
あー！せっかく助《たす》けてやったのにー!!
ウキャー

書状《しょじょう》

小牧《こまき》・長久手《ながくて》の戦《たたか》いが引《ひ》き分《わ》けに終《お》わり秀吉《ひでよし》から書状《しょじょう》が送《おく》られてきた
ニャんだろう？
ウキー
ウキキ
ウキキ♡
○□
×□
○か×を選《えら》ぶんじゃない？
こういう時《とき》は「○」だニャ！
ええー!?
チェック
「ワシの妹《いもうと》と結婚《けっこん》してくれないか？○か×」という内容《ないよう》だった
ウキ
ウキキ
ウキキ
家康《いえやす》は秀吉《ひでよし》の妹《いもうと》旭姫《あさひひめ》と結婚《けっこん》した
旭姫《あさひひめ》
忠勝《ただかつ》!!
オ…オメデトー

あっさり

小松姫《こまつひめ》
忠勝《ただかつ》！代《か》わりに真田家《さなだけ》にお前《まえ》の娘《むすめ》を嫁《とつ》がせるのニャ！
どうぞ
あっさり
え、いいの？
真田信幸《さなだのぶゆき》と小松姫《こまつひめ》の縁組《えんぐ》みが成立《せいりつ》した
真田信幸《さなだのぶゆき》
小松姫《こまつひめ》
ヒラヒラ
オメデトー
パチパチパチ
大丈夫《だいじょうぶ》かニャ〜!?
フミャーン
ブオン
ブオン
オラオラオラ
ブオン
ブオン
父似《ちちに》

勝利《しょうり》の女神《めがみ》

西暦《せいれき》1600年《ねん》関ケ原《せきがはら》の戦《たたか》いに参戦《さんせん》
東軍《とうぐん》先鋒《せんぽう》の軍監役《ぐんかんやく》
やるぞ!
ニャー
ニャー
西軍《せいぐん》
ズ…
オラ
オラ
ドドド
オラ
続《つづ》けニャー
忠勝《ただかつ》は東軍《とうぐん》の勝利《しょうり》に大貢献《だいこうけん》した
オラ
オラ
オラ

備《そな》え

忠勝《ただかつ》は晩年《ばんねん》になっても鍛錬《たんれん》を怠《おこた》らず…
ブオン
ヨロ
ゼェ
ハァ
ヨロ
ヨボ
ヨボ
ブオン
無傷《むきず》
ぬー
ハー
ゼー
ギコ
ギコ
ギコ
パキン
?
「蜻蛉切《とんぼきり》」の柄《え》を短《みじか》く切《き》って、いつでも戦《いくさ》に出《で》られるように備《そな》えていたという…
たりゃー!!
おっと
ブン
ブン
ブン
ブン
ブン
いつまでもすごいのニャー

武将《ぶしょう》の生涯《しょうがい》

「生涯無傷《しょうがいむきず》」といわれた猛将《もうしょう》 本多忠勝《ほんだただかつ》

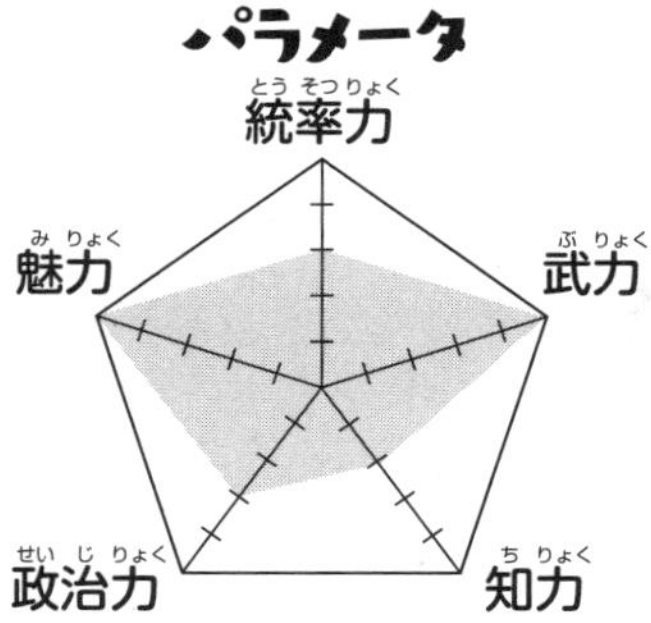

生没年《せいぼつねん》
【1548年《ねん》～1610年《ねん》】
出身地《しゅっしんち》
【三河国《みかわのくに》（愛知県東部《あいちけんとうぶ》）】
あだ名《な》
【「徳川四天王《とくがわしてんのう》」の1人《ひとり》】

生涯《しょうがい》かけて家康《いえやす》を守《まも》った

徳川家臣団《とくがわかしんだん》の中《なか》でも、とりわけ強《つよ》く、生涯《しょうがい》をかけて家康《いえやす》と徳川氏《とくがわし》のために尽《つ》くした男《おとこ》。それが**本多忠勝**《ほんだただかつ》です。

家康《いえやす》には三大危機《さんだいきき》といわれるピンチの時《とき》がありましたが、忠勝《ただかつ》は、そのすべてで大活躍《だいかつやく》しました。**三大危機**《さんだいきき》の1つ《ひと》、**三河一向一揆**《みかわいっこういっき》では、多《おお》くの家臣《かしん》が一揆《いっき》に参加《さんか》して家康《いえやす》を裏切《うらぎ》る中《なか》、忠勝《ただかつ》は家康方《いえやすがた》について戦《たたか》いました。

また、**武田信玄**《たけだしんげん》と戦《たたか》った**三方ヶ原**《みかたがはら》**の戦《たたか》い**では、本戦前《ほんせんまえ》に武田軍《たけだぐん》と戦《たたか》い（**一言坂**《ひとことざか》**の戦《たたか》い**）、敵《てき》からも絶賛《ぜっさん》されるほどの戦《たたか》いぶりを見《み》せました。

そして、三大危機《さんだいきき》の最後《さいご》の1つ《ひと》とされる**伊賀越**《いがご》**え**（本能寺《ほんのうじ》の変《へん》が起《お》きた時《とき》、外出先《がいしゅつさき》の堺《さかい》から山道《やまみち》を越《こ》えて三河《みかわ》へ戻《もど》った事件《じけん》）の時《とき》にも、死《し》を覚悟《かくご》したという家康《いえやす》を元気《げんき》づけ、無事《ぶじ》に三河《みかわ》まで送《おく》り届《とど》けるという活躍《かつやく》をしています。

生涯《しょうがい》無傷《むきず》、無敵《むてき》の本多忠勝《ほんだただかつ》

兜《かぶと》
鹿《しか》の角《つの》をかたどった飾《かざ》りがついている。実《じつ》は和《わ》紙製《しせい》なので、見《み》た目《め》より軽《かる》い。

槍《やり》
天下三名槍《てんかさんめいそう》の1《ひと》つとされる長《なが》～い槍《やり》「蜻蛉切《とんぼぎり》」。

鎧《よろい》
鎧《よろい》も軽《かる》さを重視《じゅうし》してつくられた。

数珠《じゅず》
討《う》ち取《と》った敵《てき》を弔《とむら》うために身《み》につけていたという巨大《きょだい》な数珠《じゅず》。

敵《てき》を恐《おそ》れさせた忠勝《ただかつ》の戦装束《いくさしょうぞく》

忠勝《ただかつ》は見《み》た目《め》にもとても強《つよ》そうですね。大《おお》きな鹿《しか》の角《つの》をかたどった兜《かぶと》がトレードマークです。これは、川《かわ》が増水《ぞうすい》して渡《わた》れずに困《こま》っていた時《とき》に、どこからともなく現《あらわ》れ、ゆうゆうと川《かわ》を渡《わた》り浅《あさ》瀬《せ》の場所《ばしょ》を教《おし》えてくれた鹿《しか》に感謝《かんしゃ》して、その角《つの》をかたどってつくったといわれています。忠勝《ただかつ》はその鹿《しか》のことを「八幡神《はちまんじん》」の化身《けしん》と信《しん》じていたのだそうです。

また、忠勝《ただかつ》は巨大《きょだい》な数珠《じゅず》を肩《かた》からかけていたといいます。数珠《じゅず》とは仏《ほとけ》さまを拝《おが》む時《とき》などに手《て》につける、小《ちい》さな珠《たま》をつないで輪《わ》にした仏具《ぶつぐ》のこと。なぜ、そんなものを身《み》につけていたのでしょうか。忠勝《ただかつ》は、戦場《せんじょう》で亡《な》くなった武将《ぶしょう》たちの死《し》を哀《あわ》れみ、その霊《れい》を弔《とむら》うために、数珠《じゅず》を身《み》につけていたのだといわれています。心《こころ》の優《やさ》しい武将《ぶしょう》だったのかもしれませんね。

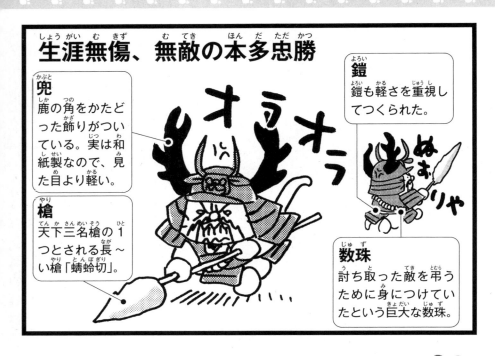

写真提供《しゃしんていきょう》：千葉県立中央博物館大多喜城分館《ちばけんりつちゅうおうはくぶつかんおおたきじょうぶんかん》

徳川四天王《とくがわしてんのう》の1人《ひとり》、本多忠勝《ほんだただかつ》が改修《かいしゅう》

大《おお》多《た》喜《き》城《じょう》

どんなお城《しろ》?

千葉県《ちばけん》の房総半島南東部《ぼうそうはんとうなんとうぶ》の小高《こだか》い丘《おか》にある城《しろ》です。**深《ふか》いがけを持《も》つ夷隅川《いすみがわ》を利用《りよう》し、丘《おか》の最《もっと》も高《たか》い場所《ばしょ》の本丸《ほんまる》に3層《そう》の天守《てんしゅ》がつくられまし**たが、1842年《ねん》に焼失《しょうしつ》、その後《ご》は再建《さいけん》されま

本多忠勝像《ほんだただかつぞう》　写真提供《しゃしんていきょう》：良玄寺蔵《りょうげんじぞう》
千葉県立中央博物館大多喜城分館《ちばけんりつちゅうおうはくぶつかんおおたきじょうぶんかん》

- **場所《ばしょ》**　千葉県夷隅郡大多喜町《ちばけんいすみぐんおおたきまち》
- **築城《ちくじょう》**　1521年《ねん》
- **アクセス**　いすみ鉄道《てつどう》「大多《おおた》喜駅《きえき》」下車《げしゃ》　徒歩《とほ》15分《ぷん》

せんでした。1975年《ねん》に今《いま》の天守《てんしゅ》がつくられ、現在《げんざい》は千葉県立中央博物館大多喜城分館《ちばけんりつちゅうおうはくぶつかんおおたきじょうぶんかん》となっています。

この城《しろ》でのできごと

1521年《ねん》に甲斐武田氏《かいたけだし》の一族《いちぞく》がつくった小田喜城《おだきじょう》を、1590年《ねん》に大多喜藩主《おおたきはんしゅ》となった本多忠勝《ほんだただかつ》が改修《かいしゅう》してできたのが、この大多喜城《おおたきじょう》です。**本多忠勝《ほんだただかつ》は、安房館山城《あわたてやまじょう》の里見氏《さとみし》に対抗《たいこう》するためにこの地《ち》に入《はい》ったといわれています。**この里見氏《さとみし》は、江戸時代《えどじだい》に曲亭馬琴《きょくていばきん》が書《か》いた八犬士《はっけんし》の活躍《かつやく》をえがいた小説《しょうせつ》『南総里見八犬伝《なんそうさとみはっけんでん》』のモデルとなりました。

大多喜城《おおたきじょう》は現在《げんざい》では博物館《はくぶつかん》として使《つか》われている。
上《うえ》：刀《かたな》／下《した》：鍛冶屋道具《かじやどうぐ》

豆知識《まめちしき》

家康《いえやす》は豊臣政権《とよとみせいけん》に対《たい》する備《そな》えとして重要《じゅうよう》な場所《ばしょ》に、最《もっと》も信頼《しんらい》する家臣《かしん》を配置《はいち》しました。大多喜城《おおたきじょう》には本多忠勝《ほんだただかつ》、高崎城《たかさきじょう》には井伊直政《いいなおまさ》、館林城《たてばやしじょう》には榊原康政《さかきばらやすまさ》、これに酒井忠次《さかいただつぐ》を加《くわ》えた4人《にん》は、徳川四天王《とくがわしてんのう》と呼《よ》ばれています。

真田親子《さなだおやこ》

西暦《せいれき》1590年《ねん》
日本一《にほんいち》の戦上手《いくさじょうず》親子《おやこ》は
北条氏《ほうじょうし》と戦《たたか》っていた
昌幸《まさゆき》(父《ちち》)
信幸《のぶゆき》(兄《あに》)
真田幸村《さなだゆきむら》
真田軍《さなだぐん》の旗印《はたじるし》は
「六文銭《ろくもんせん》」
どどん
三途《さんず》の川《かわ》を渡《わた》る
船賃《ふなちん》を意味《いみ》する
オレ達《たち》はいつでも
死《し》ぬ覚悟《かくご》ができて
いるということニャ！
ポロッ
ニャー
ニャ
ニャ♪
ニャ♪
ニャー
本当《ほんとう》に強《つよ》いのか
ニャ〜…
北条軍《ほうじょうぐん》

惚《ほ》れろ！
ねこねこ日本史《にほんし》
真田昌幸《さなだまさゆき》
戦上手《いくさじょうず》で
知《し》られる
幸村《ゆきむら》の父《ちち》
淀殿《よどどの》
豊臣秀吉《とよとみひでよし》
の子《こ》・秀頼《ひでより》
を生《う》んだ母《はは》
真田信幸《さなだのぶゆき》
立派《りっぱ》だが
目立《めだ》たない
幸村《ゆきむら》の兄《あに》
真田幸村《さなだゆきむら》(信繁《のぶしげ》)
大坂《おおさか》の陣《じん》で
徳川家康《とくがわいえやす》を
追《お》い詰《つ》めた
戦国武将《せんごくぶしょう》

圧勝《あっしょう》

ニャー
ニャー♫
ニャー♫
ちょい
ちょい
ちょい
うわー!!
こっちに来《き》たニャ!!
真田軍《さなだぐん》は友軍《ゆうぐん》の上杉軍《うえすぎぐん》と前田軍《まえだぐん》に合流《ごうりゅう》し…
ニャー
ニャ
北条軍《ほうじょうぐん》に突入《とつにゅう》
ゴロン
ゴロン
真田軍勝利《さなだぐんしょうり》
真田親子《さなだおやこ》すげーニャ!!
クラ
クラ
クラ

別《わか》れ別《わか》れ

西暦《せいれき》1600年《ねん》関ケ原《せきがはら》の戦《たたか》い直前《ちょくぜん》
どっちに
するニャ～
真田家《さなだけ》は西軍《せいぐん》・東軍《とうぐん》のどちらにつくか迷《まよ》っていた
チョロ
チョロ
ヒラ
ヒラ
東《ひがし》→
だっ
だっ♫
←西《にし》
兄《あに》は東軍《とうぐん》へ幸村《ゆきむら》と父《ちち》は西軍《せいぐん》へ

稽古用《けいこよう》

真田昌幸《さなだまさゆき》(父《ちち》)の本拠地《ほんきょち》・上田城《うえだじょう》
皆《みな》の者《もの》!戦《いくさ》に備《そな》えて稽古《けいこ》を怠《おこた》るニャよ!
は
はっ
稽古用《けいこよう》ふわふわやり
じゃーーーん
ふわふわふわ
えい!
にゃー!
そうだ!! もっと強《つよ》くニャ
キラーン

上田合戦《うえだかっせん》

かじっ
それいいニャー
あー 幸村《ゆきむら》様《さま》 やめてくださいニャ
かじっ
かじっ
ぐっしょり
んもー!! ぐしょぐしょになったニャ!!
ごめんニャ
しかたない 干《ほ》すニャ
オレもニャ
オレもニャ
そこへ東軍《とうぐん》の大軍《たいぐん》が…
にゅー
にゅー
にゅー
ニャ?

間《ま》に合《あ》わず

関ケ原《せきがはら》に向《む》かっていた徳川秀忠《とくがわひでただ》の3万《まん》8千《せん》の軍勢《ぐんぜい》
秀忠《ひでただ》
チラ
チラ
がしっ
ニャー
あ!
♪ ノ ニャ
せっかく干《ほ》してるんだからヤメるニャー
かじっ
かじっ
秀忠軍《ひでただぐん》、このまま足止《あしど》めをくらい関ケ原《せきがはら》に間《ま》に合《あ》わず…
上田合戦《うえだかっせん》は真田軍《さなだぐん》の勝利《しょうり》
ニャーニャ

2人《ふたり》の処遇《しょぐう》

ボロッ…
息子《むすこ》の秀忠《ひでただ》が来《こ》なかったため、東軍《とうぐん》は勝《か》ったにもかかわらず大苦戦《だいくせん》した
ヨロ…
徳川家康《とくがわいえやす》
——で、お前《まえ》はいったい何《なに》をしてたー!?
パパごめんニャさい
ペコリ
秀忠秘技《ひでただひぎ》「ごめんねこ」
真田《さなだ》の親子《おやこ》の秘策《ひさく》にハマりました…
なに!?
ちがうニャ ちがうニャ
お前《まえ》ら2人《ふたり》は死刑《しけい》!
秀忠《ひでただ》ー!! こんニャロー!!
化《ば》けて出《で》てやるニャ!
プイ

流罪《るざい》

兄《あに》の真田信幸《さなだのぶゆき》と腹心《ふくしん》の本多忠勝《ほんだただかつ》の懇願《こんがん》により…
うっ…
ゆるしてあげてニャ
ダブルごめんねこ
昌幸《まさゆき》・幸村《ゆきむら》親子《おやこ》の死罪《しざい》はまぬがれたが…
わかった！死刑《しけい》はなし！
そのかわり……
やったー!!
ド田舎《いなか》の九度山《くどやま》に流罪《るざい》となった
な〜んにもない所《ところ》に送《おく》ってやったわい！
カー
カー
ワハハ
ここ超《ちょう》たのし〜!!
気《き》に入《い》ったニャ

知《し》らせ

西暦《せいれき》1614年《ねん》大坂冬《おおさかふゆ》の陣《じん》が勃発《ぼっぱつ》！
大坂城《おおさかじょう》を明《あ》け渡《わた》せー!!
いやニャ!!
淀殿《よどどの》
秀頼《ひでより》
幸村《ゆきむら》の所《ところ》にも、豊臣側《とよとみがわ》についてほしいと願《ねが》う使者《ししゃ》がやって来《き》た…
ぜひおねがいします!!
うむ…
わかったニャ！
よーしいっちょやるか!!
父《とう》さんは死《し》んでるからムリだニャ…
そんニャ〜
ワシもいきたい
父《ちち》は3年前《ねんまえ》に亡《な》くなっていて間《ま》に合《あ》わなかった…

仲間《なかま》はずれ

大坂城《おおさかじょう》
わーい
わーい
ついて来《き》た
えぇー!?
うわー オバケだー!!
オバケだー!!
中《なか》に入《い》れちゃダメニャー!!
ええーー!?
バーン
真田軍《さなだぐん》は中《なか》に入《い》れてもらえず
どうしてくれるニャ!
ごめんねこ!

真田丸《さなだまる》

そこで、お城《しろ》の外《そと》にちっちゃい出城《でじろ》を作《つく》ることにした
トンカン
トンカン
真田丸《さなだまる》
あー!! 勝手《かって》にそんなものをー!!
イエーイ!!
ふさ
ふさ
えい!!
やー!!
ウキー♪
秀頼《ひでより》は行《い》っちゃダメニャ!!
ふさ
ふさ

開戦《かいせん》

そこへ家康《いえやす》の20万《まん》の軍勢《ぐんぜい》が到着《とうちゃく》
どーん
ひとひねりにしてくれるわ!
行《い》けー!!
オー
やー
えい
えい
ドドドド
おおー!!
チラ
チラ

真田丸《さなだまる》の威力《いりょく》

真田丸《さなだまる》大人気《だいにんき》
ニャー
ニャー
ニャー
チラ
チラ
い〜れ〜て〜
どーぞニャ
ニャー
ニャー
ニャー
ニャー
あ〜楽《たの》しかった〜!!
徳川軍《とくがわぐん》はどんどん骨抜《ほねぬ》きに
ガーン
ゴロゴロ
ゴロゴロ
スー
スー

休戦《きゅうせん》

真田丸《さなだまる》超《ちょう》たのし〜
ニャー
うりゃ うりゃ
ニャー
だめです!! 軍《ぐん》の大半《たいはん》が戦意《せんい》を失《うしな》いました!!
わたしも行《い》ってきまーす
おのれ幸村《ゆきむら》め〜!!
あー秀頼《ひでより》まで!!
ホーレ ホレ
ウキャ ウキャ
いったん休戦《きゅうせん》!!!
ええー!?

日本一《ひのもといち》の兵《つわもの》

西暦《せいれき》1615年《ねん》
大坂夏《おおさかなつ》の陣《じん》勃発《ぼっぱつ》!!
豊臣《とよとみ》7万《まん》
徳川《とくがわ》15万《まん》
ニャー
家康《いえやす》の策略《さくりゃく》で外堀《そとぼり》と内堀《うちぼり》を埋《う》められた大坂城《おおさかじょう》に、もはや真田丸《さなだまる》は作《つく》れず…
真田軍《さなだぐん》は自力《じりき》で突進《とっしん》!
ニャー ニャー
コチョ コチョ
コチョ コチョ
ニャハ… ニャハ… ニャハハハハハ
──て笑《わら》い死《じ》にするわ!!
ぶはっ
家康《いえやす》をあと一歩《いっぽ》まで追《お》いつめた
日本一《ひのもといち》の兵《つわもの》だニャ!
だっ
ビクッ

武将《ぶしょう》の生涯《しょうがい》

日本一《ひのもといち》の兵《つわもの》といわれた武将《ぶしょう》

真田幸村《さなだゆきむら》

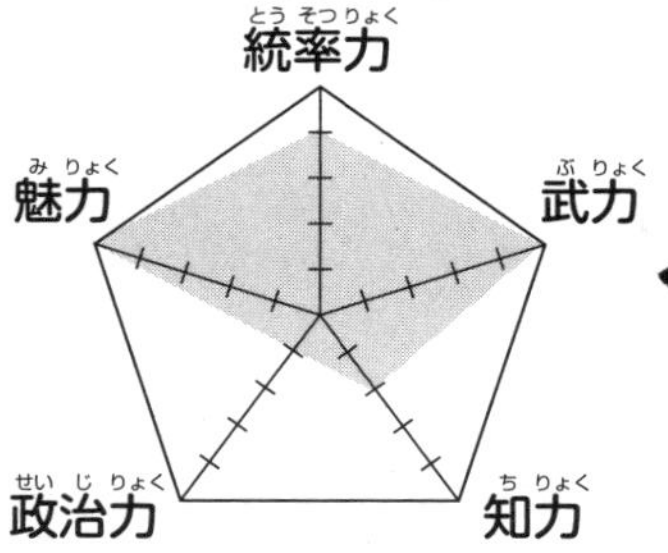
パラメータ
統率力《とうそつりょく》
武力《ぶりょく》
知力《ちりょく》
政治力《せいじりょく》
魅力《みりょく》

生没年《せいぼつねん》
【1567年《ねん》～1615年《ねん》】
父親《ちちおや》
【真田昌幸《さなだまさゆき》】
褒《ほ》め言葉《ことば》
【日本一《ひのもといち》の兵《つわもの》】

※「幸村《ゆきむら》」名《めい》が有名《ゆうめい》ですが本名《ほんみょう》は「信繁《のぶしげ》」だったといわれています。

武田《たけだ》に仕《つか》えていた真田氏《さなだし》

真《さな》田《だ》氏《し》は、信濃国《しなののくに》（今《いま》の長野県《ながのけん》）に小《ちい》さめの勢力《せいりょく》を持《も》っていた一族《いちぞく》です。幸村《ゆきむら》（信繁《のぶしげ》）の父《ちち》・**昌幸《まさゆき》**は、**武田信玄《たけだしんげん》**から信頼《しんらい》され、武田氏《たけだし》の武将《ぶしょう》として活躍《かつやく》しましたが、やがて**織田信長《おだのぶなが》**によって武田氏《たけだし》が滅《ほろ》ぼされると、真田氏《さなだし》は、徳川《とくがわ》氏《し》や上杉氏《うえすぎし》などの大名《だいみょう》と争《あらそ》ったり、手《て》を組《く》んだりしながら戦国《せんごく》の世《よ》を懸命《けんめい》に生《い》きていきます。

関《せき》ケ《が》原《はら》の戦《たたか》いでは、父《ちち》・昌幸《まさゆき》と幸村《ゆきむら》は西軍《せいぐん》に、兄《あに》の信幸《のぶゆき》は東軍《とうぐん》に加《くわ》わり、敵味方《てきみかた》に分《わ》かれて戦《たたか》うことになりました。幸村《ゆきむら》たちは信濃国《しなののくに》において、**徳川家康《とくがわいえやす》**の子《こ》で、のちの2代将軍《だいしょうぐん》・**秀忠《ひでただ》**の軍《ぐん》と戦《たたか》い、大《おお》いに敵《てき》を苦《くる》しめました。

しかし、関ケ原《せきがはら》の戦《たたか》い自体《じたい》は東軍《とうぐん》の勝利《しょうり》に終《お》わったので、敗《やぶ》れた昌幸《まさゆき》・幸村《ゆきむら》親子《おやこ》は、和歌山県《わかやまけん》北部《ほくぶ》にある**九度山《くどやま》**というところに流《なが》され、のちに昌幸《まさゆき》はその地《ち》で亡《な》くなります。

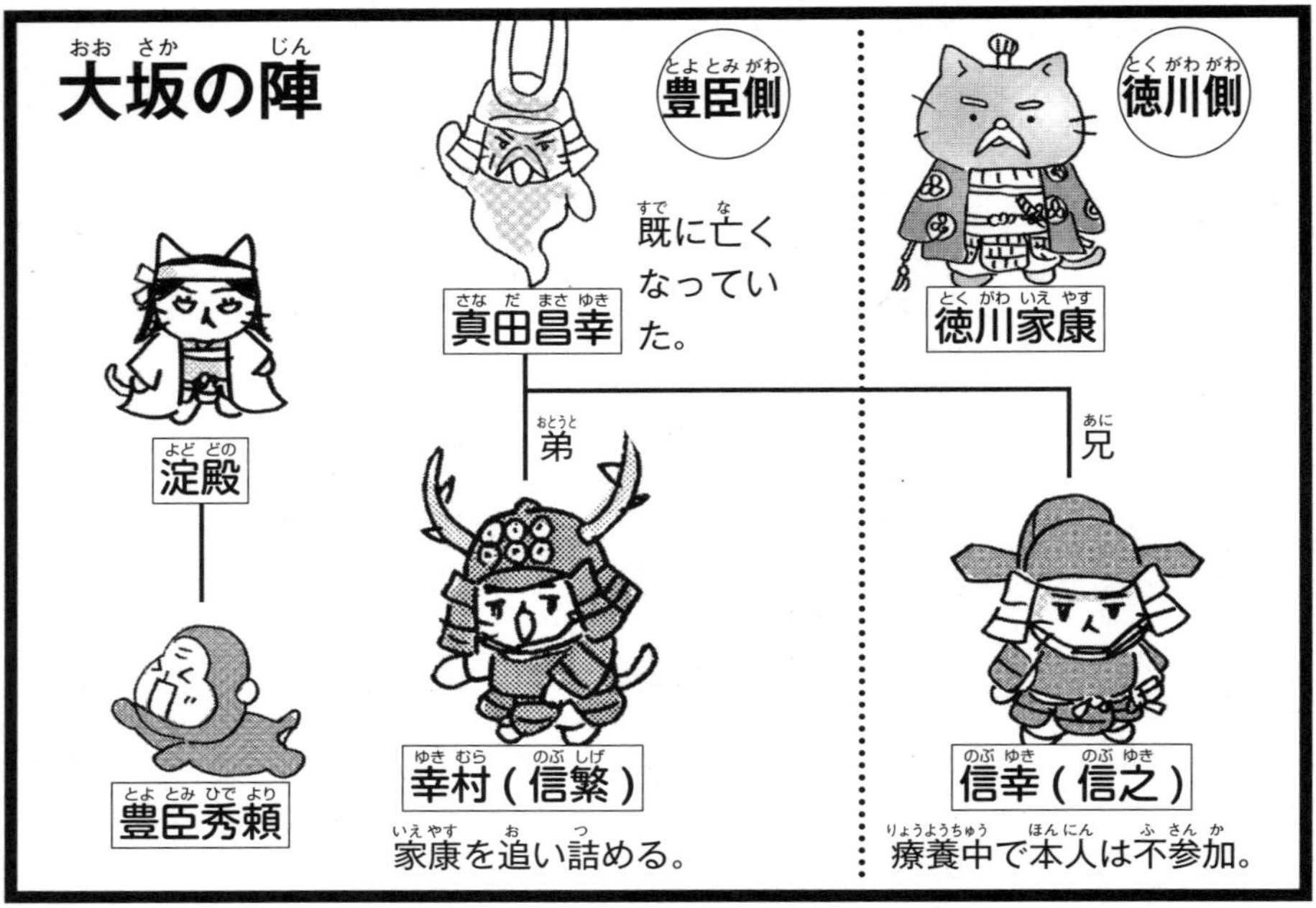

大坂《おおさか》の陣《じん》で見《み》せた決死《けっし》の猛攻撃《もうこうげき》

1614年《ねん》、徳川氏《とくがわし》と豊臣氏《とよとみし》の最終決戦《さいしゅうけっせん》である「**大坂《おおさか》の陣《じん》**」が迫《せま》ると、幸村《ゆきむら》はこっそりと九《く》度《ど》山《やま》を抜《ぬ》け出《だ》し、豊臣氏《とよとみし》に味方《みかた》するため大坂城《おおさかじょう》に入《はい》ります。

そして、**大坂冬《おおさかふゆ》の陣《じん》**がはじまると、幸村《ゆきむら》は「**真田丸《さなだまる》**」という小《ち》さな要塞《ようさい》をつくって大活躍《だいかつやく》。徳川方《とくがわがた》の兵《へい》をたくさん討《う》ち取《と》ります。

その後《ご》、一旦《いったん》戦《いくさ》は中断《ちゅうだん》するのですが、翌年《よくねん》、今度《こんど》は**大坂夏《おおさかなつ》の陣《じん》**がはじまります。この戦《たたか》いでも幸村《ゆきむら》は大活躍《だいかつやく》しますが、数《かず》で劣《おと》る豊臣方《とよとみがた》は次第《しだい》に不利《ふり》な状況《じょうきょう》に陥《おちい》ります。

そこで幸村《ゆきむら》は最後《さいご》の望《のぞ》みをかけ、家康《いえやす》の首《くび》を取《と》ろうと、猛攻撃《もうこうげき》をかけます。その猛烈《もうれつ》な勢《いきお》いに、さすがの家康《いえやす》も一時《いちじ》切腹《せっぷく》を覚悟《かくご》したといいますが、あと一歩《いっぽ》及《およ》ばず、幸村《ゆきむら》は戦死《せんし》してしまいました。

武将《ぶしょう》のお城《しろ》

写真提供《しゃしんていきょう》：
上田市《うえだし》マルチメディア情報《じょうほう》センター

左《ひだり》：石垣《いしがき》とやぐら門《もん》／右《みぎ》：本丸入口《ほんまるいりぐち》右側《みぎがわ》にある「真田石《さなだいし》」と呼《よ》ばれる巨石《きょせき》

・**場所《ばしょ》** 長野県上田市《ながのけんうえだし》 ・**築城《ちくじょう》** 1583年《ねん》 ・**アクセス** 「上田《うえだ》駅《えき》」から循環《じゅんかん》バス「公園市役所前《こうえんしやくしょまえ》」または「お城下《しろした》」下車《げしゃ》

徳川《とくがわ》の大軍《たいぐん》を2度《ど》退《しりぞ》けた、六文銭《ろくもんせん》の旗《はた》が舞《ま》う城《しろ》

上《うえ》田《だ》城《じょう》

じゃーん

どんなお城《しろ》？

真田昌幸《さなだまさゆき》が1583年《ねん》に千曲川《ちくまがわ》沿《ぞ》いに築《きず》いた城《しろ》です。尼ケ淵城《あまがぶちじょう》・真田城《さなだじょう》とも呼《よ》ばれています。平《たい》らなところに建《た》てられているように見《み》えますが、**千曲川《ちくまがわ》の河原《かわら》の急《きゅう》ながけと山《やま》に囲《かこ》まれており、敵《てき》が攻《せ》めにくいつくりになっています。**真田《さなだ》氏《し》が築《きず》いた城《しろ》は関ケ原《せきがはら》の戦《たたか》い後《ご》すべて壊《こわ》され、現《げん》在《ざい》残《のこ》っている3つ《みっ》のやぐらは、江戸時代《えどじだい》に仙石氏《せんごくし》が築《きず》いたものです。

この城《しろ》でのできごと

真田《さなだ》氏《し》は戦《たたか》いが上手《じょうず》だったことで知《し》られています。少《すく》ない人数《にんずう》で、大人数《おおにんずう》の軍隊《ぐんたい》に勝《か》った2つの戦《たたか》いが有名《ゆうめい》です。

【第一次上田合戦《だいいちじうえだかっせん》】 1585年《ねん》

上野国《こうずけのくに》（今《いま》の群馬県《ぐんまけん》）沼田《ぬまた》の領地《りょうち》をめぐる争《あらそ》い。徳川軍《とくがわぐん》7000人《にん》の大軍《たいぐん》を真田軍《さなだぐん》2000人《にん》が打《う》ち破《やぶ》りました。城《しろ》の内部《ないぶ》まで敵《てき》をおびきよせ、せまいスペースで身動《みうご》きがとれなくなった大軍《たいぐん》を一気《いっき》に攻《せ》め落《お》としたといわれています。

【第二次上田合戦《だいにじうえだかっせん》】 1600年《ねん》

関ヶ原《せきがはら》の戦《たたか》いに参加《さんか》するために西《にし》へ向《む》かっていた徳川秀忠《とくがわひでただ》が率《ひき》いる3万《まん》8000人《にん》の軍《ぐん》を、上田城《うえだじょう》を守《まも》る3000人《にん》の真田軍《さなだぐん》が迎《むか》え撃《う》ちました。第一次合戦《だいいちじかっせん》と同《おな》じように、敵《てき》をぎりぎりまで引《ひ》きよせて、油断《ゆだん》したところを一気《いっき》に攻《せ》める作戦《さくせん》が成功《せいこう》したようです。この戦《たたか》いに時間《じかん》をとられ、徳川秀忠《とくがわひでただ》の軍《ぐん》は関ヶ原《せきがはら》の戦《たたか》いに参加《さんか》できませんでした。

ゆかりの人物《じんぶつ》

真田昌幸《さなだまさゆき》
(1547年《ねん》－1611年《ねん》)

幸村《ゆきむら》の父《ちち》。武田信玄《たけだしんげん》・勝頼《かつより》、織田信長《おだのぶなが》、豊臣秀吉《とよとみひでよし》などに仕《つか》えました。戦国《せんごく》時代《じだい》きっての戦《たたか》い上手《じょうず》の武将《ぶしょう》として知《し》られています。関ヶ原《せきがはら》の戦《たたか》いのあと、九度山《くどやま》で亡《な》くなりました。

豆知識《まめちしき》

関ヶ原《せきがはら》の戦《たたか》いで東軍《とうぐん》の徳川方《とくがわがた》が勝利《しょうり》すると、西軍《せいぐん》に味方《みかた》した真田昌幸《さなだまさゆき》の領地《りょうち》は取《と》り上《あ》げられ、息子《むすこ》の幸村《ゆきむら》とともに九度山《くどやま》（和《わ》歌山県北部《かやまけんほくぶ》）という山奥《やまおく》に住《す》むように命《めい》じられます。徳川家康《とくがわいえやす》は真田親子《さなだおやこ》の死《し》を望《のぞ》みましたが，徳川家重臣《とくがわけじゅうしん》（本多忠勝《ほんだただかつ》）の娘《むすめ》で徳川方《とくがわがた》についた昌幸《まさゆき》の長男《ちょうなん》である真田《さなだ》信之《のぶゆき》が必死《ひっし》に頼《たの》んだおかげで許《ゆる》されました。

オマケマンガ
そにしけんじの
戦国武将《せんごくぶしょう》
Q&A
コーナー
そにしけんじです
アシスタントの石田三成《いしだみつなり》です
みなさんからいただいたねこねこ戦国武将《せんごくぶしょう》に関《かん》する質問《しつもん》にお答《こた》えします
ではさっそくこちらから…
Q1.
自分《じぶん》をねこねこ日本史《にほんし》のキャラにすると?
いきなり戦国武将《せんごくぶしょう》とかんけいないけど…
A1. こんなかんじです
ほほぅ
Q2.
一番強《いちばんつよ》いねこねこ戦国武将《せんごくぶしょう》ってだれ?
それは豊臣秀吉《とよとみひでよし》…
との～
A2.
龍造寺隆信《りゅうぞうじたかのぶ》
ウキー
ピン
ではなく
との～
Q3.
三成《みつなり》がメガネを外《はず》すと?

Q4.
伊達政宗《だてまさむね》の一番好《いちばんす》きな眼帯《がんたい》はどれ？
A3. こうかこうです
ええー!!
どっちニャの!?
こたえは13巻《かん》をみてね！
Q5.
織田信長《おだのぶなが》はなぜサルを飼《か》っているの？
A4. 鮫型《さめがた》
じゃーん
かっこいいニャ
Q6.
一番好《いちばんす》きなねこねこ戦国《せんごく》武将《ぶしょう》は？
次《つぎ》がラストです…
A5. かわいいと思《おも》っているから
そうニャんだ…
かわいいー
ゴロゴロ
スリスリ
かわいいニャー♫
それではまたどこかで！
バイバーイ
A6. 秀吉《ひでよし》です
サルかよ！

全国の
ファミリーマートとセブン-イレブンでも
新作グッズをプリントできるようになったニャ!
沖田《おきた》総司《そうじ》
あまりの剣の速さに3回の突きが1回に見える「三段突き」が自慢です。新選組一番隊組長。
【1844?年~1868年】
【江戸(東京)】
【武士】
土方《ひじかた》歳三《としぞう》
新選組副長。厳しいおきてを隊士たちに守らせたので「鬼の副長」と恐れられたそうです。
【1835年~1869年】
【武蔵国(東京)】
【鬼の副長】
伊達《だて》政宗《まさむね》
和歌や漢詩、茶道、書道なども得意で、見事な筆さばきで書かれた和歌なども残っています。
【1567年~1636年】
【独眼竜】
真田《さなだ》幸村《ゆきむら》
真田幸村の本当の名前は「信繁」です。「幸村」は後の世につけられた名前だといわれています。
【1567年~1615年】
【真田昌幸】
【日本一の兵】
卑弥呼《ひみこ》
卑弥呼が亡くなったときには大きな墓がつくられ、百人以上の人が一緒に埋葬されたといわれています。
【不明~247年頃】
【邪馬台国】
【女王】
トレーディングカード
ブロマイドが新登場!
ねこねこキャラが応援してくれる♥ブロマイド
FIGHT!
neconeco nihonshi
MIRACLE!
neconeco nihonshi
FRIENDS!
neconeco nihonshi
ファミマプリント　ねこねこ日本史
セブンプリント　ねこねこ日本史
で検索!
※ファミリーマート店内マルチコピー機「ファミマプリント」で販売中(一部店舗を除く)
※セブン-イレブン店内マルチコピー機「プリント→ネットプリント」で販売中(一部店舗を除く)

YouTube
ねこねこ日本史
公式チャンネル
あそびにきてニャ!
ねこで学ぶ
伊達政宗
ねこねこ日本史
公式チャンネルにて
アニメを毎週金曜に
更新中!
公式チャンネル限定の映像も!?
ねこドリル
やってみた
チャンネル登録よろしくニャ
YouTube
ねこねこ日本史公式チャンネル

ねこねこ日本史グッズのお求めはこちらから!

https://neco-neco.jp/1-4/goods.html

Tシャツ

新選組、オールスター、年表柄の
3デザイン!

カラー:白、黒
価格:キッズサイズ:130、150cm　各:2,500円(税別)
大人サイズ:S,M,L　各:2,991円(税別)
発売元:株式会社七大陸

マグカップ(オールスター)

キャラクターぎっしり!
見ていてほっこりするマグカップ

価格:1,091円(税別)
発売元:株式会社七大陸

プリントクッキー

岐阜関ケ原古戦場記念館で販売中

石田三成、徳川家康、大谷吉継　他
サイズ:W195×H305mm×D32mm
6柄アソート(14個入り)包装紙フルカラー、賞味期限180日
価格:800円(税別)
発売元:(株)オムテモワン

キャンバストート

岐阜関ケ原古戦場記念館で販売中

石田三成、徳川家康、大谷吉継　他
サイズ:W48㎝×H40㎝×15㎝マチ
無漂白コットン(綿100%)ナチュラル/9.4オンス
価格:各1,800円(税別)
発売元:(株)オムテモワン

御朱印帳

葦からできたヨシ紙を
使用しています。

価格:2,500円(税別)
発売元:野崎工業株式会社

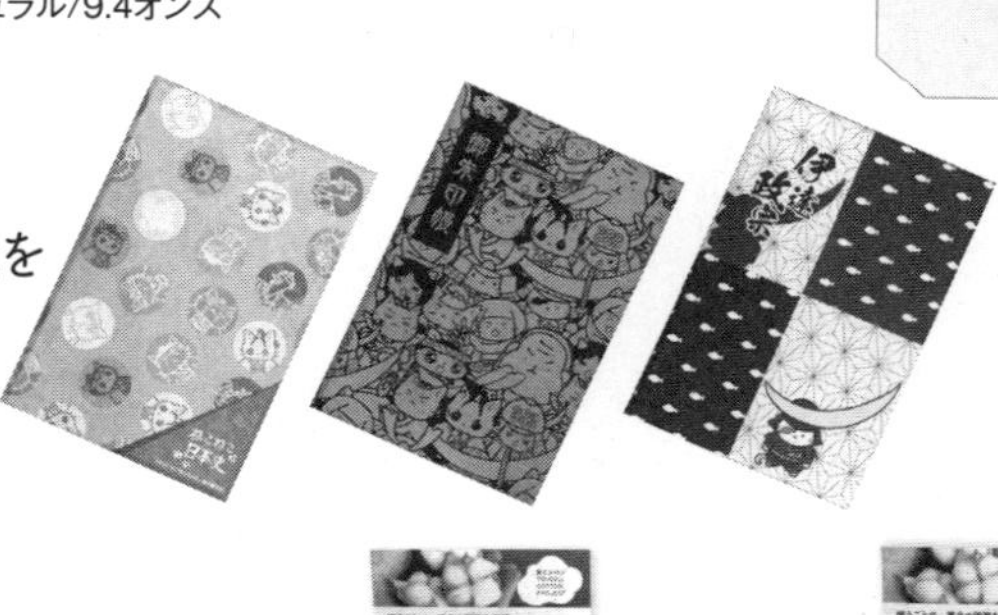

メモ帳

メモ用紙の絵柄にも
キャラクターがいてかわいい!

オールスター、新選組、千利休、真田丸、関ケ原(東軍・西軍)
サイズ:90mm×90mm以内
価格:450・500円(税別)
発売元:野崎工業株式会社

クリアファイル

勉強や仕事がもっと
楽しくなりますように!

オールスター、新選組、関ヶ原(東軍・西軍)
サイズ:310mm×220mm以内
価格:各350円(税別)
発売元:野崎工業株式会社

ぬいぐるみ

6キャラ全部
コンプリートするのニャ!

種類:卑弥呼、織田信長、上杉謙信、坂本龍馬、土方歳三、沖田総司
価格:各3,180円(税別)
発売元:(株)内藤デザイン研究所

マスコット

かばんに付けられる
マスコットニャ!

種類:武田信玄、伊達政宗、卑弥呼、
織田信長、上杉謙信、徳川家康、
坂本龍馬、土方歳三、沖田総司、源義経、
西郷隆盛、真田幸村、石田三成
価格:各1,800円(税別)
発売元:(株)内藤デザイン研究所

はんこ

自分の名前でオーダーできるはんこニャ!
新しく17種類追加!
27キャラから選べます。

サイズ:【本体】外径22mm/長さ62mm【印面】12mm
価格:2,100円(税別)　販売元:小川新聞店

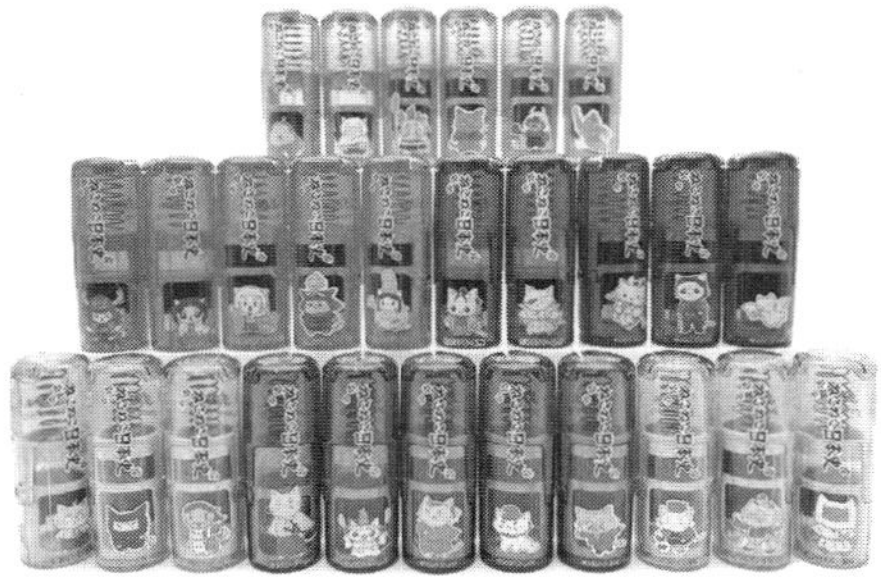

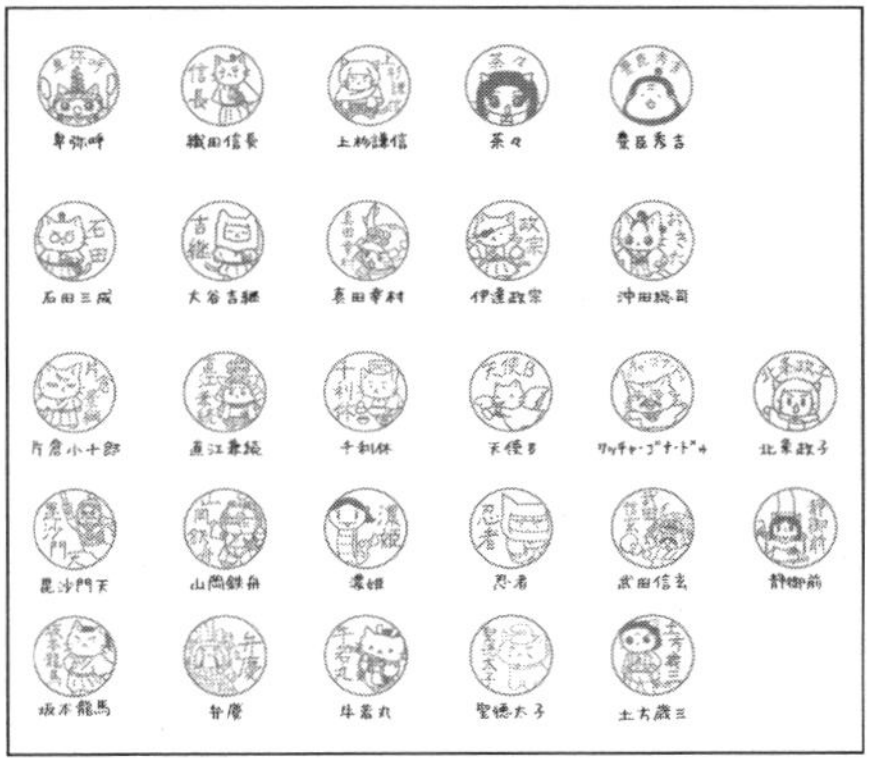

アクリルキャラキーホルダー

和紙風加工で世界観を演出!

種類:卑弥呼、織田信長、明智光秀、西郷隆盛、芹沢鴨、源頼朝、
近藤勇、武田信玄、源義経、上杉謙信、沖田総司、土方歳三
サイズ:70mm×70mm以内
価格:700円(税込)　発売元:戦国魂

装　幀　関 善之＋村田慧太朗（ボラーレ）
協　力　福田智弘　カルチャー・プロ
編　集　滝広美和子

ねこねこ日本史《にほんし》　戦国武将伝《せんごくぶしょうでん》　ジュニア版《ばん》

2024年11月19日　初版第1刷発行

著　者　そにしけんじ
発行者　岩野裕一
発行所　株式会社 実業之日本社
〒107-0062東京都港区南青山6-6-22 emergence 2
【編集部】TEL.03-6809-0473
【販売部】TEL.03-6809-0495
印刷・製本　大日本印刷株式会社

ISBN978-4-408-64163-8（第二漫画）
実業之日本社のホームページ　https://www.j-n.co.jp/